ゼロ
0から学ぶ

しごと
仕事と会社

初学者・留学生のための超入門

李大義・伍翔・谷口征子　著

まえがき

　皆さんは、どのような会社で、どんな仕事をしたいですか？

　給料やボーナスをたくさんもらえる会社なら、有名な会社なら、安定していたら、先輩がやさしい会社なら、働く時間が短い会社なら・・・・働きたいですか？

　もちろん就職活動をする際に、「勤務条件」を確認することは大切なことです。同じ業種であっても、似たような会社であっても、それぞれの会社がもっている特性は全く異なっています。

　では、自分が興味がある会社のことを知るためには、どうすればよいでしょうか。就職試験を受けるだけでは、その会社がどのような会社なのか分かりません。そのため、今日の日本の会社では、インターンシップ制度を取り入れているところが多く、一般的になってきました。

　就職したいみなさんが会社のことを知りたいと思っているように、会社側も、みなさんがどのような人材なのか知りたいと思っているのです。入社してから、「こんなはずではなかった」というミスマッチを防ぐためにもインターンシップやOB・OG訪問を早めにしておくとよいでしょう。

　この本は、就職活動をする際、「そもそも会社って何なのだろう？」という素朴な疑問に答えたいという思いから、「基礎的な知識の習得に役立てる本を」というコンセプトのもとで作成されました。

　留学生や外国人技能実習生を対象に書き始めたものではありますが、ビジネスを専門に学び始めようとする日本人の初学者や、日本語を母語としない学生を対象に授業を行っている先生方にお使いいただきたいと思っています。

本書の構成

　本書は1章から8章までの構成になっています。

　1章から4章は入門編として「会社とは何か」という会社に関する一般的な知識習得を目指しています。5章から8章は、前半部分の4章までの応用編として、入門編をベースに会社の運営・管理に役立つ内容となっています。ひいては管理者の目線から会社の経営、設立上の心得を取り上げています。

　なお、本書は大学等の講義にも使いやすい構成になっています。

　1章から4章は前期（春学期）向け、5章から8章は後期（秋学期）向けです。

　前編と後編をそれぞれ15回にし、各回の最終ページに講義のまとめとなる練習問題を載せています。また、キーワードを中心に重要なポイントをメモできるように、練習問題の上部に空欄を設けています。ご活用ください。

　さらに、1章から8章まで、章ごとの単体教材としても活用することができます。それぞれの章でテーマを設けて書いていますので、1つの章だけ、1つの節だけという風に、必要に応じて、「企業研究」や「会社の仕組み」を学ぶ教材としてお使いください。

本書の特徴と使い方

　本書の特徴は、会社について学びたい学習者がその内容を理解しやすいように、あえて難解な日本語を避け、簡易的な日本語を使っています。また、索引では漢字にひらがなのルビをつけ、会社関連の用語を手軽に調べることができるようにしています。さらに、本文の上にある「用語説明」は、辞書の役割を兼ねて直ぐに探せるように上段に設け、内容理解に役に立つ用語を選んで説明しています。

◉ 各節は 3 つのトピックから成り立っています。

◉ 各節は 4 ページの構成で、1〜3 ページはトピックに関する本文、4 ページ目は節の内容確認のための練習問題によって構成されています。

◉ 各節の上段にある「用語説明」は、本文にある内容の中で分かりにくい言葉や専門用語への補足説明のために記しています。

◉ 本文中にある丸ゴシック体（例えば、就職）は、「用語説明」の欄に用語の説明をしていることを表しています。

◉ 各節の本文にある白抜き数字（例えば、❶、❷）は、左側にある同一の白抜き数字と連動させ、詳しい説明を行っているという目安になるように付しています。

◉ 各節の 4 ページ目の練習問題は、各節が 3 つのトピックとなっていることから、各トピックに対して 1 問設け、合わせて 3 問設定しています。学習内容の確認のため、必要に応じてご使用ください。

◉ 索引は、言葉を探しやすくするため、用語にひらがなのルビをつけています。また、それでも分かりにくい用語は英語を加え、学習者が理解しやすいようにしています。そのため、本書の索引は用語を探すという本来の目的だけではなく、会社関連用語集として日本語教材としての機能も併せもっています。書かれている内容を理解する前に日本語が分からないという学習者と、日本語を説明をしなければならない教師に役立つように作成しました。

目　　次

索引

第1章

会社とは

☞ なぜ会社について勉強するの？

☞ 会社ってなに？

☞ 株式会社ってなに？

会社とは

第1節　企業研究の必要性

1　なぜ企業のことを勉強するのか

【用語説明】

♣	就職	会社に入って働き始めること
♣	会社	事業を通じて利益追求を目的とする集団
♣	面接	入社予定の人物像や業務能力を確認するために、直接会って話し合うこと
♣	長所	他と比べて上手にできることや得意なこと
♣	特徴	人や物が他と比べて明確に違うこと

❶「業界」とは、同じ種類の産業や業種でかかわっている仲間やビジネス社会のことです。

❷「企業」とは利益を得る目的で工場、労働力、資本、技術などの経営資源や生産要素を運用して事業を営む経済活動の組織体のことです。
　企業は国営企業のような公共の利益を求める組織が含まれているため、「会社」よりもっと広い意味で使われています。

❸職種とは職業や働いている職務の種類のことです。

就職を考える時、「将来何をしたいかわからない、どんな**会社**で働いたらいいのか、会社でどのような仕事が自分にふさわしいのか」と、誰もが同じような悩みを抱えます。この悩みを解決するためには、❶業界・❷企業・❸職種の意味を理解する必要があります。つまり、自分に合った会社や仕事を選ぶためには企業の仕組みや内容について、企業の中身を勉強することが大切です。

それには、まず、自分自身を知ることが不可欠です。つまり、自分は何をやりたいのか、何が得意なのかという「自己分析」が必要です。その分析のもとで、自分は就職の**面接**を受ける時に、自分の**長所**と**特徴**を活かして、面接官の前でやりたい仕事を積極的にアピールする必要があります。面接官から「希望する職種は何ですか」と聞かれることが多いですが、この質問に答えられなければ就職活動はこの時点で既に失敗したと言えるかもしれません。

そうならないために、業界関連知識を勉強しておくことが重要です。例えば、車の生産や売買をしている会社は、「自動車業界」と言われています。また、その中で自動車を作っているメーカーの業種は「製造業」といい、自動車を売るディーラーという業種は、「販売業」といいます。「私は車に乗るのが大好きで車を売りたい」という人にとっては、自動車会社で営業という職種に就き、「車を作ってみたいから工場で働きたい」という人は生産技術系の職種に就くとよいでしょう。

2 インターネットを活用した情報検索

【用語説明】

♣ 会社沿革　　会社の今日に至るまでの業績や主な出来事を表したもの

♣ 経営理念　　会社の事業活動としての基本的な考え方や指針

♣ 給与　　　　手当てなどを含めた給料、収入合計

♣ 上場企業　　証券の市場（取引所）で自社の株式を自由に売買できる企業

♣ 筆記試験　　小論文や一般常識問題、適性検査などのペーパーテスト

♣ 即戦力　　　経験やスキル（skill）を活かし、すぐに会社のために仕事ができる人

❶中長期経営計画とは、仕事の計画を中期と長期に設定することです。この計画は、一般的に３年以上かけて、将来の業務成果に向けた総合的なものことです。

❷合同説明会とは、企業の採用担当者が自社の案内や仕事の内容について説明するイベントのことです。ホームページやパンフレットに紹介されてない、もっと詳しい情報を得ることができます。

❸就職活動としてＯＢ(Old Boy)とＯＧ(Old Girl)の先輩を訪ね、情報を集めることも重要です。

　就職したい会社を探すためにはどうすればよいでしょうか。

　まず、インターネットで就職したいと思う会社のホームページを検索してみましょう。**会社沿革・経営理念・会社規模**などを調べてみると、会社の業務内容、簡単な経営状況、そして**給与**などの的確な情報を把握することができます。**上場企業**の場合は、特に注目して見たい資料があります。それは会社の中期経営計画です。上場企業でない場合は❶中長期経営計画を見ると役に立ちます。

　また、ホームページには会社説明会などの就職活動のイベント情報もよく掲載されています。様々な業種、そして多くの企業が集まる❷合同説明会に積極的に参加すれば、一度で多くの情報を手に入れることができます。そして、各企業が個別に開催している会社説明会にも参加するとよいでしょう。採用担当者と直接に会い、話し合うことで、会社のことを深く理解することができ、自己PRもできます。会社説明会で詳しい説明を聞くと、それまで就職希望ではなかった会社に興味を持つようになり、働いてみたいと思うようになる場合も少なくないです。

　その他に、働いてみたい企業や業界で活躍している先輩を訪ね、実際の事業内容、福利厚生、社風、職場雰囲気などを詳しく聞く方法があります。これを❸OB・OG訪問と言います。そこでインターネットや会社説明会では分からない体験談を聞くことができます。就職活動としては、これらの方法で自分から積極的に行動することが大切です。

3 就職希望会社で働いてみたい

【用語説明】

♧ 厚生労働省　　幸せな社会生活ができるように、主に福祉、社会保障などを支援するための
　　　　　　　　政府官庁（Ministry of Health, Labor and Welfare）

♧ 離職　　　　　働いている会社を辞めること

♧ 人材　　　　　事業活動の成果を出すために重要な役割を果たすことができる人

♧ インターンシップ　働きやすい職場か、自分の適性に合う業種なのかを就職前に体験すること

❶エントリーシートは就職を希望する会社に簡単な自己紹介とともに当該会社に入社意思を書き表す書類です。ここには学歴、志望動機、資格などを明確に記入します。採用されるための一番重要な書類で、自分らしさをいかにアピールできるかがポイントです。今日では、インターネットからの申し込みが主流となっています。

就職活動の手順は、合同説明会で就職希望会社の情報を収集してから、本格的に始めます。会社に採用されるまでにはいくつかのステップがあり、どのように進むかは会社によって、多少違います。一般的には、❶エントリーシート（Entry Sheet）提出、筆記試験、面接の順で行ってから内定が決まるというプロセス（process）で進みます。このように、会社は様々な選考方法で最終的に自社にふさわしい人を採用します。

ところで、厚生労働省が発表した調査データでは、就職した人の約3割が3年以内に辞めてしまうと言われています。なぜ離職してしまうのでしょうか。調査によると、「自分が思っていたようなイメージとあまりに違っていた」という理由が最も多く、これは結果的に、「仕事内容が自分に向いてない」という理由で、会社をやめたことを意味します。いわゆる、❷ミスマッチ（mismatch）が生じたのです。会社はなるべくそういった事態を防ぐために、会社見学やセミナーなどを活用し、事前に会社について知る機会を設けています。インターンシップ制度（internship）もその中の1つです。

❷ミスマッチとは、社員を雇っている経営者側と働いている社員の間で、仕事内容や勤務条件の不一致、会社が社員に求めている能力が合わず、ズレが生じることをいいます。

インターンシップとは、特定の業務の経験を積むために、会社で実際の仕事経験してみることで、1997年頃から盛んに行われるようになりました。インターンとして参加することにより、数日から数カ月ぐらいの就業体験ができます。この制度を上手く活用すれば、入社前に仕事に触れておくことができるので、現場への理解を深め、入社後すぐに即戦力になれるでしょう。会社はミスマッチを防ぐというねらいのほか早い段階で優秀な人材を獲得するという利点もあるのです。

【練習問題】

1 企業の勉強や研究の必要性と重要性について説明しなさい。

2 会社の状況を分かるためにインターネットを活用するなら、何を調べるべきかを述べなさい。

3 エントリーシート（Entry Sheet／ES）とは何か、また、その目的について述べなさい。

第2節　会社の定義と役割
1　会社は利益共同体

【用語説明】

♣	仲間	お互いに同様な利益や目的を目指して一緒に働く人々
♣	取引関係	事業活動として企業間での売買関係があること
♣	効率化	同様な働く時間でもより大きな成果が得られるようにすること
♣	私用	業務時間内なのに、個人的な用事をすること

❶公私混同とは、公共とプライベートのことを区別しないことです。会社の文房具など、会社が買ったものを持って帰って、自分のために使うことも公私混同といえます。

❷歓送迎会では、会社で新しく働き始める人、転勤や辞めた人と交流するために飲食をしながら行うことが多いです。

　私たちが暮らすこの社会には多くの会社があります。会社は皆の力で利益を出すことで維持・発展ができます。そのため、社員たちは共同体として、お互いに協力し合っている仲間だと言えます。また、社員同士だけではなく、取引関係にある関連企業ともお互いに協力しあうことで、お互いが豊かになり、お互いの生活の向上が期待できます。さらに会社の発展は、社会の安定につながります。会社は社会とともに存在する共同体だといわれるのは、このような理由からです。

　会社では、多くの人が働いています。会社は、仕事の効率化を目指して組織をつくっています。その組織の中でよい人間関係をつくることは大切です。なぜなら、それぞれの人が、利益共同体として自分の役割を果たすことで、仕事の効率化を図ることができるからです。社員は、会社という組織の中で、1人の社会人としての自覚をもち、その組織の中の一員としての役割を果たさなければなりません。会社には、社員としてのルールがあります。例えば、自社で守るべき就業規則や慣習があります。仕事は決められている時間内で終えるように計画を立てて、それを実行するために時間管理を行います。就業時間中は、私用をしてはいけません。仕事と自分の用事を❶公私混同しないようにしましょう。また、会社で知り得た情報は勤務時間外であっても、外部の人に漏らしてはいけません。

　どんな業務でも全力で対応することで、会社から信頼を得ることができます。会社内では、組織の一員として会議を行います。その他、よい人間関係を保つために❷歓送迎会、社員旅行、懇親会などの会社行事が行われます。これらの行事は仕事をしている時には、あまり話せない上司や社員同士がコミュニケーションを深めるためのよい機会となります。積極的に参加すると自分の成長につながるでしょう。

2 会社はあなたの肩書き

【用語説明】
- ♣ ポジション（position）　業務活動をしている部署や地位のような仕事上の居場所
- ♣ 会社法　会社の設立や運営のための基本となっている法律
- ♣ ポスト（post）　円滑な業務を行うために働いている役職や地位
- ♣ 過程　仕事が進んでいく途中や段階

❶名刺とは、ビジネスカード(business card)のことです。名刺を相手に渡す時と、受け取るときはビジネスとしてのマナーがあり、そのマナーを守ることで良い印象を持つことになります。

❷必要以上に肩書きに縛られると自分の能力や自分らしい働き方を失う可能性があります。

皆さんは自己紹介をする時、相手に何を伝えますか。仕事上の自己紹介では、名前だけでなく、会社名やどの部署で働いているかなど、自分自身が会社の中で、どの**ポジション**にいるかを伝えることが多いです。このような自分自身のポジションや、仕事上の役割のことを肩書といいます。肩書は、会社では職名や地位、社会では地位や身分や職業を示します。仕事上で自己紹介をする時は、一般的に❶名刺交換を行います。名刺には、連絡先などのほかに肩書が書かれています。つまり、初対面であっても、「この人はどういう人なのか」と、相手を判断するための、ある程度の材料になるのです。

社員が、働き方や自分の将来を考える時には肩書がヒントになることがあります。例えば、尊敬する上司を見て、自分も「ああいう人のようになりたい」と思えば、その肩書に追いつくように努力するからです。会社にとって肩書は、組織管理や円滑な仕事の運営上、役立つものです。その反面、肩書には❷**ネガティブ**（negative）な面もあります。

肩書には、会社では「取締役、代表取締役」のような**会社法**で決められたものと、皆さんたちがよく知っている社長、部長、課長、係長など、法律とは関係なくつけられたものがあります。

皆さんも会社で働くようになると、肩書をもつようになるでしょう。将来的に、係長や部長という**ポスト**を目指したいと思うようになるかもしれません。そのポストにつくという目標を達成するためには、日々の仕事に誠実に取り組み、その**過程**の専門性やスキル、経験を磨くために努力することが重要です。

3 仕事とプライベート時間の使い分け

【用語説明】

♣ プライベート　　自分だけの私生活のことで、自分のために使う時間や用事
　（private）

♣ 充実　　　　　　物事にたりないものがなく、十分に行う様子

♣ 両者択一　　　　二つの選択肢の中で、1つを選ぶこと

♣ 優先順位　　　　複数の仕事の中で、早めに行うべきか、後回しにしてもよいかを決める順番

❶ 1時間で終わるような仕事が、効率が悪いと、2時間、3時間もかかってしまう場合があります。むだな働きをなくし、効率よく仕事が進むと、プライベートの時間が多く取れます。

❷ 気持ちを切り替えるためには、上手にストレスを発散することが大切です。

　皆さんは、仕事と**プライベート**とどちらが大切だと思いますか。学校を卒業し、社会人になれば、やはり仕事を大切にした方がよいのでしょうか。それとも、プライベートを**充実**させるために仕事をしているので、プライベートにあてる時間をより大切にしたいと思いますか。これは、**両者択一**の問題ではありません。

　仕事の時間とプライベートの時間はどちらも大切な時間です。仕事の時間が長引いて、プライベートの時間が少ないと、心身ともに疲れて日常生活を楽しむことができません。一方、仕事に集中しなければならないのに、プライベートのことを引きずってしまうと、❶仕事の効率が下がってしまいます。どちらも効率よくこなし、充実した時間を過ごすようにするためには、自分の感情や集中力をコントロールする必要があります。そのためには、仕事とプライベートの両方の時間を意識的に使い分けることが重要です。仕事からプライベートへ、プライベートから仕事へ、気持ちの❷切り替えをうまくできるようになるとよいです。また、自分自身の判断で、今は仕事が大切か、あるいは、プライベートが大切かを判断し、**優先順位**をつけるとよいでしょう。

　プライベートが重要だと思ったら、時には仕事の仲間から誘われた食事会を断ることも必要です。そうすることで、プライベートの時間が確保でき、ゆとりがある時間を過ごすことができます。しかし、仕事が重要だと思ったら、仕事に集中するために、スマートフォンや携帯電話の電源を切ってみてください。あなたのまわりに「この人、仕事ができるな」と思う人はいますか。その人がどのような生活をしているか見習い、実行してみるのもよいでしょう。

～Memo～

_____

_____

_____

_____

_____

_____

_____

_____

_____

_____

_____

_____

【練習問題】

1 　社会人として必要なルールや心得について述べなさい。

2 　肩書の意味合いについて説明しなさい。

3 　あなたにとって仕事とプライベート、どちらが大切か、また、その理由を述べなさい。

第3節　会社の実態
1　企業と会社の違い

【用語説明】

♣　設立　　　円滑な事業運営のための会社、組織、制度などを新たに作ること

♣　要素　　　仕事の成果を上げるために欠かせないそれぞれの基本事項
　　（element）

♣　施行　　　政策や制度に基づき、その効果を求めて実行すること

♣　移行　　　ある一定の状態が他の状態に変わっていくこと

♣　営利　　　業務活動の成果として利益を求めること

❶かつての有限会社は株式会社と比べ、社員50名以内、資本金300万円で設立でき、設立の手続きも簡単でした。

❷株式会社とは株式を発行して事業資金を集めて、その資金で会社を運営することです。

❸国有企業とは資本の一部や全額を国が出資して運営している企業のことです。

❹国営企業とは国が100%株を保有し、経営権を完全に握っている企業のことです。かつての国営企業だったJTB、JR、NTT、日本郵政などの企業は続々と民営化され、今は民間企業となっています。

皆さんは自分の会社を持ちたいと思ったことはありませんか。会社を設立する時は、3つの**要素**を揃える必要があります。1つ目は「人」で、それは会社をどうやって運営していくかを決める経営者と実際に会社を運営していくスタッフのことです。2つ目は「物」で、それは事業を行っていくために機械や事務所などの不動産、移動や運送手段である自動車、PCなどのことです。3つ目は「財産」で、それはお金のように目に見える資金や、目に見えない技術や信用、人脈などのことです。この人脈とは、仕事が円滑に行えるよう協力し合える人と人とのつながりのことです。

また、会社は2006年に施行された「（新）会社法」に基づいて設立しなければなりません。有限会社法が廃止され、❶有限会社の設立ができなくなりました。法律の改正前に設立され、法改正時にも存在している有限会社については「特例有限会社」として存続するか、あるいは簡単な手続きをして❷株式会社へ移行することになりました。そのため、現在、日本にある会社の多くは株式会社の形態をとっています。

ところで、「企業」と「会社」は混同されがちですが、同じものではありません。両者はともに利益創出を主な目的として運営しています。しかし、企業の中にはお金を儲けなくても良い❸「国有企業」(government-owned corporation)と、❹「国営企業」(state-owned enterprise)が含まれています。これらは、お金を直接儲ける**営利**目的ではなく、国民の利益に繋がればいいという経営方針に基づいて運営されています。このように、企業は会社よりも広い意味で使われています。

2　会社の権利と義務

❶法人格とは法律に基づいて団体に与えられている人格です。法人格を持っていない団体は、任意団体と呼ばれています。

❷社会貢献活動とは、社会と会社が共存という意味で、会社が社会の一員として、力を尽くして働くことを言います。

英語のcompanyという言葉は、11世紀から13世紀の十字軍時代に、雇用軍団の編成(グループ)単位という意味で使われていいました。日本では、明治初期にcompanyは「会社」と訳されました。当時は、現在使われている狭い意味での会社とは違い、団体、集団という意味で使われていました。

会社は人と同様な人格（personality）をもち、権利を得るとともに義務を果たす必要があります。会社がもつ人格は、❶法人格といい、法律上の手続きを行い会社を設立すると、会社は「法人」になります。会社運営者には法人になった時点から、権利と義務が伴います。

法人が得られる権利としては、法人として団体名で銀行口座の開設、財産の所有ができます。また、法人として様々な契約を結ぶことができるようになっています。そのため、法人の代表者が個人的に責任を負うことが少なくなります。

しかし、法人として発生する義務には、損益と関係なく税金を納付しなければならないこと、そして、会社の運営や経営上、法律を必ず守ることがあげられます。また、市民として社会に役に立つように、❷社会貢献活動を積極的に行うことが期待されています（例えば、環境保護活動や奨学金給付など）。

さらに、法人には会社で働いている従業員が安心・安全・健康で働けるように配慮し、会社の構成員としての人格を尊重しながら、待遇を改善していく努力義務があります。

3 会社の規模別の呼び名

【用語説明】

♧ 株式（stock）　会社が広く資金を集めるために株主に発行する有価証券
♧ 零細企業　中小企業のうち、とくに小規模な企業
♧ 証券取引所　株式や債券などの有価証券が売買される場所
♧ 債券（credit）　株式と同様に会社が資金を集めるために債務移行の約束の証として発行する証券
♧ 創業者　会社を最初に作り上げたトップ経営者

❶中小企業
（Small and Medium Enterprises）とは、会社の規模が大企業以下の比較的小さいものを指しています。

❷ベンチャー企業
（venture company）とは新しいアイデアや技術革新をもとに、新たな事業やビジネスにチャレンジする企業のことです。大企業では実施しにくいため、小規模の中小企業や零細企業が多いです。

❸経済産業省
(Ministry of Economy, Trade and Industry) は、民間の経済活動の向上及び対外経済関係の円滑な発展を図る政府官庁です（経済産業省設置法第3条より抜粋）。

　皆さんは大手企業、上場企業、公開企業などの言葉を聞いたことがありますか。これらの違いは、業界の中でのシェア（share）や企業の規模、株式の公開などの状況によるものです。

　大企業とは、製造業なら資本金が3億円以上で、かつ従業員が300人以上、サービス業なら5,000万円以上で、かつ従業員が100人以上の会社のことをいいます。大企業の基準に至らない会社は❶中小企業といい、ここには零細企業や❷ベンチャー企業も含まれています。その他、大手企業とは、その業界の中でトップレベルでの大規模企業のことを指しています。

　上場企業とは、証券取引所で自社の株式売買が認められ、株式は債権のようで、価格を公開して、誰でも自由に売買できるようになっている会社のことです。また、上場企業は株式を公開して売買するという意味で、「公開会社」とも呼ばれています。反対に、株式市場で自社の株式を売買しない企業を「非上場企業」、あるいは「非公開企業」といいます。日本では、大手上場企業も含め、9割以上は同族会社です。同族会社（family firm）とは創業者およびその一族が会社を所有し、経営している会社のこと、あるいは創業者一族が実質的に経営を支配している会社のことです。

　2016年の❸経済産業省の調査によると、中小企業にあたる会社の数は、全国で約381万社あると報告されています。企業全体である382万社のうち、大企業は1万社超に過ぎず、実に99.7%は中小企業です。さらに、従業員が20人以下の小企業や零細企業は325万社にも達しています。また、労働者の約7割が中小企業で働いているといわれています。

【練習問題】

1　国営企業と民間会社との違いについて説明しなさい。

2　法人化に伴った権利と責任について述べなさい。

3　同族会社の特徴と問題点について説明しなさい。

第4節　株式会社の仕組み
1　株式会社の特徴

【用語説明】
- ♣　資金　　会社の経営をしていくために必要なお金
- ♣　出資　　会社の設立や運転資金のために資金を出すこと
- ♣　株主　　株式会社の出資者や投資者としての株券を購入した人
- ♣　譲渡　　自分のものを他人に与えること

❶会社法では、定款を定めることで、株式の譲渡制限ができます。例えば、株主の保有株数（出資額）を定め、株主総会あるいは取締役会が認めなければ他人に簡単に譲れません。

❷会社の所有者自らが経営を行う場合もあります。例えば、トヨタ自動車の場合、豊田章男氏が所有者でありながら経営陣のトップである代表取締役社長として務めています。

実は、株式会社には3つの特徴があります。

その1番目は有限責任（limited liability）です。株式会社というのは、たとえ事業を失敗して倒産したとしても、出資額を超えた借金は返さなくても構わないのです。これを有限責任といいます。もし、会社が倒産することになれば、残った財産や借金を清算することになります。株主（出資者）は資金を出資しているので、お金を戻して欲しいと思っていますが、ほとんどの場合、お金は戻ってきません。反対に借金があったとしても返済する必要はありません。これは、株主たちが経営に関する責任は有限で、それ以上の責任はもたなくてもいいことを意味します。

2番目は株式譲渡の自由です。これは誰でも持っている株式を自由に売買することができることです。もし、株主になりたければ、会社の株を買えばいいことです。また、株が不要だと思う場合は持っている株式を誰にでも譲ることや売ることができます。ただし、定款により、❶譲渡が制限されている場合もあります。この定款とは、会社の目的に合わせた組織運営や業務実行に関する基本的なルールのことです。

3番目は所有と経営の分離です。効率的な会社経営を行うためには意思決定の一方的なトップダウン（ top‐down ）や、ワンマン（one-man play）経営によって起こる問題を防止する必要があります。また、事業成果をもっと上げるために、経営は専門家に任せた方がよい場合があります。そのため、株式会社は❷会社の所有者である株主と経営者は別にして、それぞれの役割を果たすような仕組みになっています。そうすることで、会社は継続的に発展できるようになると考えられています。

2 経営陣の権力分散

【用語説明】

♣ 権力   円滑な業務達成のために、部下や組織員に従わせる力

♣ 株主総会   株主が集まり、会社の基本方針を決定する会議集団

♣ 取締役会   社内の取締役が集まり、日常的な重要業務や問題点、解決策を議論する集団

♣ 監査役   取締役の活動や会社経営の問題点や不正行為がないか確認する人

❶権力濫用とは自分の地位（position）や権限を悪用して、私利のため、そして事業目的以外に使うことです。

古い時代、多くの国では国王や政治的支配者、一人の独裁者が絶対的な**権力**を持ち、国を治めていました。そのような時代では、❶権力濫用によって国民の権利や自由は侵害され、国民は自分自身で自由に生きていくことができませんでした。

今日では、権力の集中や濫用を防ぐために、「立法（国会）、司法（裁判所）、行政（内閣）」という三権を分離・分散させ、それぞれの権力がお互いを監視することで、国民の権利や利益を守ろうとしています。日本では、日本国❷憲法で**三権分立**を定めています。法律制定が可能な国会、法律上のトラブル（trouble）を解決する裁判所、政治を行っている内閣という三権が独自で固有の領域を保持しています。

❷憲法は国全体の維持・発展のための最も基本となる法律で、最も最高位にある法律です。そのため、一般法は憲法に準じて作られ、その憲法のカテゴリを超えた法改正はできないです。

同様に株式会社も三権分立制度を導入しています。国会、裁判所、内閣の代わりに、**株主総会、監査役、取締役会**がその役割を担っています。まず、国会のような株主総会は全株主によって意思決定をする機関です。株主総会は取締役及び監査役を選出し、承認します。次に、裁判所のような監査役では業務を行なっている取締役の仕事が適切に行われているか執行監督を行っている機関です。そして、内閣のような取締役会は選任された取締役により構成され、業務を執行しています。組織の代表である代表取締役社長は、この取締役会による決議で決定されます。

このように会社経営に関して権力を3つに分けることで、相互が牽制や抑制を行い、健全な会社経営を保てているのです。この仕組みにより、社内の不祥事を事前に防ぎ、会社が健全な経営で持続的な発展ができるようになっています。これは会社がコーポレート・ガバナンス（corporate governance）を保つために重要な視点です。

3 株式会社の所有者

【用語説明】

♣ 従業員	会社で働いている社員、労働者、サラリーマンのこと
♣ 顧客（customer）	自社の製品やサービスを買ってくれる人、お客さん
♣ 取引業者	自社と取引がある相手の会社
♣ 私有財産	個人が持っている固有の資産

❶主権とは、自分の権力に基づいて自分の意思で動かすことができることです。ちなみに、株主主権とは、株主が会社に資金を与えているので、会社は株主のものだから、その権利が株主にあることです。

❷商品開発とは、商品の新しいアイディアや企画を新製品として作り上げ、実際の形にしていくことです。ヒット商品を開発すると、会社は大きな利益を得ることができます。

　皆さんは、株式会社は一体、誰のものだと思いますか。前項で取り上げたように、会社の基本方針を決めていくのは株主総会であり、それに参加するのが株主です。そのことから、株式会社は株主のものだと考える人がいるかもしれません。しかし、従業員がいないと会社は成り立ちません。従業員は会社にとって、いなくてはならないので、会社は従業員のものだともいえます。

　このように、所有するという意味での会社は、株主のものと考える❶株主主権と、従業員のものと考える従業員主権という両面で考えることができます。

　それでは、会社は本当に株主または従業員のものなのでしょうか。例えば、株主がたった一人の会社があるとします。株主は会社のことを決められるのだから、会社は自分のものだと考えて、好き勝手なことをしてしまうかもしれません。その会社で売られている商品を売らずに適切に処分したり、株主の気分次第で商品の価格を一方的に変えてしまったりしたとします。このようなことが許されると思いますか。

　株式会社は、もちろん株主や従業員がいることで成り立っています。しかし、会社が販売する商品を購入してくれる顧客がいて、商品を作るために必要な取引業者がいて、❷商品開発を行なうために資金を調達してくれる銀行がいて、様々な支援や協力があって、成り立っています。会社は特別な誰かの、個人のためのものではなく、多くの利益関係者（いわゆる、ステークホルダー）のものです。つまり、会社は私有財産ではなく、会社関係者の皆の公的財産なのです。

【練習問題】

1 株式会社の３つの特徴について説明しなさい。

2 会社の三権分立について説明しなさい。

3 会社は誰のものなのか、自分の意見を述べなさい。

第5節　株式会社と持分会社の構造
1　株式会社の起源

【用語説明】	
♣　共同出資	複数の人が同じ会社の経営のために資金や資本金を一緒に出すこと
♣　倒産	経営状態が悪化し、会社の財産や運営資金がなり、会社がつぶれること
♣　家財	家にある財産のこと
♣　資金用途	事業活動として与えられたお金を使う目的

❶債務とは相手に返さなければならないことで、特定の行動をやらなければならないことが義務です。一般的に債務とは、借りていたお金を返済することを意味します。

　世界最初の株式会社は1602年のオランダで始まりました。正式な会社名は連合東インド会社（通称、東インド）でした。設立の目的はオランダの大商人たちが東南アジアの香料をヨーロッパに持ち運ぶためで、共同出資して東インド会社を作ったのです。

　当時、この株式会社という制度ができる前は、商売が失敗して倒産してしまった場合、商人は❶債務を弁済するため、事業活動の道具や商品を換金し、さらに自分の住む家や土地、宝石などの家財を全部売り払うなどして、借金を返さなければなりませんでした。いわゆる、事業活動に対して全ての責任を負わなければならなかったのです。

　しかし、今日の株式会社制度のもとでは、たとえ会社の経営が失敗したとしても、出資したお金（出資金）以上を返済する必要はありません。今日の会社は追わなければならない責任に限りがあるという意味で、有限責任会社と呼ばれています。背負う責任は、以前と比べて非常に軽くなっています。

❷経営者の監視は主に取締役が行っています。詳しくは、次の節以降で説明します。

　さて、株式会社では、どのような人が経営者となるべきでしょうか。多くの株主からお金を集め、健全な事業活動を行える人が経営者になるべきで、実際、多くの経営者は健全な経営活動を行っているでしょう。しかし、より透明で公正な経営活動を維持していくためには、経営者が不適切な経営や権限濫用を行わないような制度を設け、❷誰かが厳しく監視する必要があります。そうすることで、不適切な経営をして、会社のお金（資本：capital）を無駄遣いしたり、持ち逃げしたりすることができなくなります。株式会社は株主たちが安心して出資できるように、長い年月をかけ、会社としての透明な資金用途と株式市場の公正・公平な制度の整備に向けて努力し続けていく必要があるのです。

2 持分会社とは

❶持分会社とは、言葉の意味合いから会社経営を巡って関係者が分けて所有しているイメージがあるが、会社のオーナーとしての所有権を持っていることです。

　皆さんは、❶持分会社という言葉を聞いたことがありますか。持分会社は一般的に、株式会社以外の合名会社、合資会社、合同会社の総称です。現在の日本の会社形態は株式会社、合名会社、合資会社、合同会社の４つに区分されます。持分会社というのは礼名ではなく、呼び名です。会社としての実体はないので、「〇〇〇株式会社」とは異なり、「〇〇〇持分会社」という会社は存在しません。

　持分とは、会社を設立する時に、それぞれ会社を作りたい人たちがお金を出し合っているという意味です。出し合う金額は、その会社や出資者によって様々ですが、個人で出すお金で成り立っているため、比較的小さな規模の会社が多いです。

　株式会社との違いは、持分会社は、従業員が資金を出している出資者だからといって常にお金を出し続ける必要はないという点です。従業員は、出資金の払い戻しを請求することができます。これが大きな特徴です。ただし、どの会社でも、好きなように払い戻しができるわけではありません。有限責任社員のみで構成されている合同会社には払戻し額に限度があるという大きな特徴があります。

　持分会社で、お金を出す出資者は、「社員」と呼ばれます。これは一般的に、会社で働く人を指す「会社の社員」と言う意味合いとは違い、出資者自身を社員と呼んでいるのです。

　今日の日本では、会社組織の大多数が株式会社ですが、持分会社として活発に営業活動を行なっている有名な企業もあります。

　また、大きな会社なのに上場してない会社もあります。例えば、日本の会社としてはJTB、ロッテ、竹中工務店、日本生命、その他の世界的な有名な会社には、レゴ、ロレックスなども非上場会社です。

3 持分会社のメリットとデメリット

【用語説明】

♣　メリット（merit）　　　　　事業活動に伴って役に立ち、良いところ
♣　デメリット（demerit）　　　事業経営に伴って発生する良くないところ
♣　出資者　　　　　　　　　　事業活動を行うためにお金をだす人
♣　負債　　　　　　　　　　　会社の借入金のように返済すべき、マイナス財産のこと

❶株式会社は持ち分会社と異なり、定款に基づき、会社設立時に会社のルールを定める必要があります。そこには、「絶対的記載事項、相対的記載事項、任意的記載事項」の3種類があります。

❷決算報告とは、会社が株主や関係者に対して、一定期間でどれだけ利益が出たか、財政状態はどうなっているか、その経営状態を報告することです。

　持分会社は、株式会社と比べると、それぞれメリットとデメリットがあります。メリットとしてあげられるのは、❶持分会社の設立の手続きは比較的、容易で、会社の経営活動や経営管理が自由に行えるということです。また、❷決算報告の必要がないというメリットもあります。

　前節で、「株式会社は一体、誰のものか」という会社の所有について取り上げました。株式会社は株主だけのものではないが、やはり株式会社にとって株主という存在は大きく、会社の基本方針を決めるためには、株主の存在を無視することはできません。出資者が株主である以上、株主に了承される必要があります。一方、持分会社は社員が従業員であると同時に出資者であるため、そのような伺いを立てる必要がありません。

　持分会社のデメリットには次のようなものがあります。最も大きなデメリットは、合資会社と合名会社の場合、無限責任社員がいるため、会社の経営状況により多額の負債を背負うようになると、その責任は無制限になってしまうことです。つまり、会社の負債がなくなるまで責任を取らなければならず、場合によっては、個人の財産を持ち出さなければならなりません。

　また、株式会社と比べると、社会から知られていないことが多く、知名度が低いと、取引会社や顧客からの信頼を得ることが難しい場合があります。さらに、大きな事業を行なうために資金を必要とする場合、株式会社のように株から出資を得ることができないため、資金調達がうまくいかず、事業計画があっても実行できないということもあります。他に、少人数で経営活動を行なっていると円満な人間関係が維持できない場合には相互の不信感が生まれ、事業が難しくなる可能性があります。

~Memo~

【練習問題】

1 有限責任会社について説明しなさい。

2 持分会社について説明しなさい。

3 会社経営上の持分会社のメリットとデメリットについて述べなさい。

秋姫木アルプスよりの草山高原

第2章

会社の運営・管理・経営者

☞ 経営者は何をするの？

☞ 経営者にも責任があるの？

☞ 役員ってなに？

会社の運営・管理・経営者
第1節　会社のトップマネジメント
1　会社の運営集団

【用語説明】

♡	原則	色々の事業があっても同一のように行うべき共通事項
♡	所有と経営	会社運営においてお金を出す人と、経営・管理をする人
♡	株式譲渡	自分が持っている株を他人に譲ること
♡	創業者	ある事業や会社を最初に立ち上げ人

　第1章4節では、会社の3つの原則である「ⓐ有限責任、ⓑ株式譲渡自由、ⓒ所有と経営の分離」について述べました。

　ここでは、ⓑの株式譲渡自由に関連して、「株式譲渡の自由と制限」について取り上げます。

　会社への出資者自らが経営する場合は、定款に定めることにより「株式譲渡の制限」を設けることができます。それは株式を自由に人に譲り渡すことができないことを意味します。会社を設立した**創業者**と大株主以外の株式を誰が持つかという問題は、会社の経営状況を左右することになるので、非常に大きなことです。そのため、簡単に株式を他人に譲ったり購入したりすることができないように制限されています。

　次に、ⓒの「所有と経営の分離」について補足説明をします。株主たちにとって一番大切なことは、会社が最大の利益をあげることです。そのためには、経営者である「取締役」と取締役を監督する「監査役」が経営者としての役割を誠実に果たす必要があります。会社は自社に複数の取締役と監査役がいれば、健全な経営ができるために「取締役会」や「監査役会」を設置します。

　しかし、会社の出資者であるオーナーが自ら経営する場合、運営状況を監視する監査役の設置義務は会社法の規定により必要ありません。**❶持分会社のような場合がそれにあたります。持分会社は、出資者が経営者であるため監査役は必要ではありませんが、出資者と経営者が別の場合、監査役は必要です。

❶持分会社は所有と経営が分離されていません。株式会社、特に上場企業は所有と経営を分離するのが一般的です。

2　代表取締役の仕事

❶会社の経営責任者には、会社の代表としての契約や意思決定などの仕事上の活動を行う権限があります。これを代表権といい、行われた決定や実行に関しては「全てが会社の行為」とみなされます。

❷会社には株主総会の決議内容に基づき、会社の経営方針、業務の計画や戦略策定などを行い、指揮統制を取り、業務活動全体を率先して進められる権限があります。これらを業務執行権といいます。さらに、社内で意見が定まらない場合は代表取締役の権限で結論を出します。

「会社で一番トップの人は誰だと思いますか。」と聞かれたら、多くの人は「社長」と答えるでしょう。一般的によく聞かれる「社長」という肩書は、会社法で定められたものではありません。法律上、会社としての役割を果たすための役職は、取締役と代表取締役（CEO）と監査役のみです。その中で、代表権のある取締役を代表取締役といいます。通常の会社なら、代表取締役が社長で、その役割を兼務するケースがほとんどです。名実ともに会社のトップになる人の肩書きは、「代表取締役社長」です。これは、取締役会でも会社組織でも代表者だということです。もちろん、会社によっては、「代表取締役」と「社長」をそれぞれ別の人に任せることもあり、それは決して珍しいことではありません。代表取締役になると、❶代表権と❷業務執行権という２つの大きな権限と責務が与えられます。

また、法律上の規定では記載されてない「社長」と同じように、「会長」や「専務」という役職も社内での役職者を表す名称です。これらは取締役の中の役職ですが、どういう役職を置くかは、会社ごとに決めることができます。そのため、どの会社にも必ず全ての役職者がいるわけではないのです。

それでは、一般的な役職者である取締役の順位について、みてましょう。上位から会長、社長、専務、常務というように順位が決まっています。社長よりも会長の方が、順位が上になっているのは、一般的に会長職に就くのは、社長を退任した後で就くことが多いため、会長は現社長の先輩であることが多いためです。また、常務の下には、部長、課長、係長という役職がありますが、これらはあくまでも役付きの役員の意味ではなく、社内の役職を示すものです。

3 取締役の主な役割と業務内容

【用語説明】

♡ 職務　　　　円滑な組織運営上、与えられている業務内容
♡ 業務執行　　仕事の進め方や方針に従い、実際に行うべきこと
♡ 意思決定　　成果達成のためにあらゆる選択肢から最適なことを決めること
♡ 請け負う　　仕事を委任・任されて引き受ける

❶ もし役員報酬を自分で決められるようになれば、役員報酬を多くして、利益を小さく見せかけ税金を減らすなど、都合のよい会計処理をする恐れがあります。このようなことを未然に防ぐために、株主総会で役員報酬の金額を予め決めています。

　会社の所有者である株主らは経営成果を上げるのために、経営のプロである取締役に経営を任します。その取締役の構成や役割、報酬には一定のルールがあります。

　取締役会を置いていない会社の取締役の**職務**は、まず、会社の業務内容を決定します。会合となる取締役会がないので、個人で決めなければなりませんが、いずれ、決定した業務内容を実際に行っていくことも重要な職務のひとつです。

　取締役会を設置している会社の場合は、取締役会で会社の方向を決めていくような重要な業務方針を決定します。そのために、まず、この取締役会を開くことが重要な職務になります。それから、職務として代表取締役が行う業務の監査をしたり、代表取締役を選任したり解任したりすることもあります。取締役は、代表取締役のように重い責任を負っています。それは、会社の円滑な**業務執行**を目指した**意思決定**をすることが多々あるからです。

　ところで、取締役の給料制度体系はどうなっているでしょうか。従業員とは異なる体系になっています。一般的に会社で働く会社員がもらう収入は給料といいますが、取締役がもらう収入は**役員報酬**といいます。取締役は時間給として働いた時間だけお金を受け取ることでも、残業代や諸手当を含めた月給で収入を得ているわけでもありません。会社の所有者である株主から経営の監督を**請け負う**ことによって、毎月、同じ金額を報酬として受け取っています。これを**定期同額給与**といいます。多くの利益が出た月であっても、利益が出なかった月であってももらう金額が変わることはありません。それは❶報酬として受け取る金額が株主総会で決定されているからです。

【練習問題】

1　なぜ、株式譲渡の制限を設けているかを説明しなさい。

2　会社法で規定されている役職名の３つを答えなさい。

3　定期同額給与について説明しなさい。

第2節　経営責任者としての役員（Ｉ）

1　CEOは執行役員

　皆さんは名刺をもらった時に、名刺に CEO、COO、CFO など と書かれているのを見たことがありますか。これらの用語は主に ベンチャー企業やスタートアップ企業でよく使われています。

　実は CEO などの用語はアメリカの会社組織で使われている役 職名であるため、❶日本の会社法では、それらの規定はないのです。 アメリカの株式会社では、経営に関する全体図を取締役会が決定 し、業務の執行は執行役に任せています。また、財務に関する責 任者、開発に関する責任者のように、それぞれの責任を明確化す るために分野ごとに役職者がいるのが一般的です。そのため、日 本でいう代表取締役や社長と同じ意味ではありません。

　CEO とは、Chief Executive Officerの略語で、日本語では 「最高経営責任者」と訳されています。経営に関して最も責任や 権限をもっている**トップマネジメント**の人を指します。確かに日 本でいうと会社のトップというと社長のようですが、その上位に 会長がいるため、本当の CEO は誰か分かりにくいという場合が あります。

　また、CEO が提示した戦略や方針に沿って日々の業務を執行す る人は、COO（Chief Operating Officer）「最高執行責任者」と呼 ばれています。さらに、財務面から業務を執行する役員は、CFO （Chief Financial Officer）「最高財務責任者」と呼ばれています。 このように分野ごとに役職をおく、これらの背景には、役割や責 任範囲を明確にしたがるアメリカの**企業文化**にあるのでしょう。

❶日本では、役員の肩書 として専務取締役や常務 取締役などの名称がよく 使われています。また、社 内の役割や仕事内容は、 その会社によって違いま す。しかしアメリカでは 「最高〇〇責任者」とい う名称で呼ばれているの で、役割や仕事内容を理 解しやすいです。

2　執行役員の仕事

❶会計参与制度は、会社会計の正確性を高めるために導入されるものです。会計の専門家である公認会計士や税理士が経営陣や取締役会のメンバーと共同で計算書類を作成し、株主や債権者に計算や決算関連の書類を開示します。

❷「役員」ではないため、「役員」に昇進する場合は、一度退職する手続きを行う必要があります。

　会社では、経営責任を持ちながら重大な役割を担っている人を「重役」といいます。これは通称であり、具体的には取締役、監査役を指しています。このように法律的に定められてはないものの、一般的に会社内外で使われている敬称がいくつかあります。1章で学んだ会長や社長もその1つです。

　「執行役員」というのも同様で、会社法で定められてない敬称なのです。会社法に定められている「役員」とは、取締役、監査役、❶会計参与のことです。ここに「執行役員」は含まれません。つまり、「執行役員」というのは、会社法上では、役員という言葉がついているにもかかわらず、従業員扱いとなっています。

　この執行役員制度が導入されるようになったのは、日本の会社において取締役会をスリム化するという目的からでした。役員の数が増えすぎたため、会社の重要事項の意思決定が円滑に行えなくなったのです。そのため、「経営に専念する役員」と「業務執行に専念する執行役員」に分けることになりました。

　このようなことから、執行役員は、あくまでも事業運営を担う事業部門のトップのポストとして位置付けられています。そのことから、会社経営における重要な戦略や方針への決定権はありません。社員の中で、立場が一番上の役職ということです。任期は1年間と決まっていますが、執行役員ではなくなっても、そのまま従業員として引き続き雇用され、勤務することができます。❷従業員であるため、「定期同額給与制」ではなく、給料制で各種保険とともに被雇用者待遇が適用されます。

　執行役員は、取締役と兼任することができます。実は日本の企業では兼任しているケースが多いと報告されています。

3　執行役の役割

【用語説明】

♡　議決権　　　取締役会のような重要な会議結果の判断として議決事項に参加する権利
♡　行使　　　　実際に行うこと、実施・執行すること
♡　構成員　　　ある組織の組織員、メンバー（member）のこと
♡　兼任　　　　通常行っている業務分野と、他の分野を兼ねて責任が任せられていること

❶会社法第355条では、「取締役は、法令及び定款並びに株主総会の決議を遵守し、株式会社のため忠実にその職務を行わなければならない」と定められています。

❷取締役は会社の重大な情報を手に入れる機会が多いです。そのような立場の人が他社と競合する取引をすると、自社の事業のために必要な情報や取引関係が、競合社に利用され、自社に損害を与える可能性があります。そのため、競合会社との取引が禁止されています。

　執行役とは、前章の第２節の２で取り上げた執行役員と、名称は似ていますが違う性質のものです。執行役と執行役員が大きく異なる点は、まず会社から見た立場が違うということです。

　執行役員は従業員であると述べましたが、執行役は会社法において役員という立場です。そのため、取締役会に出席して**議決権**を**行使**することができます。そして、役員という立場であるからこそ、与えられた権利や守らなければならない義務があります。それは他の役員である取締役と同じです。❶「忠実義務」や「競合企業との兼職等の❷競業取引避止」といった義務や責任を負わなければなりません。

　それでは、執行役はどのような役割を果たしているのでしょうか。執行役は、取締役会での決議により委任された事項の決定や、会社の業務執行を行なうことが主な仕事になります。取締役は、会社の業務も行わず、取締役会の**構成員**として基本方針の決定や監督に専念するのに対して、執行役は会社の業務を行います。

　つまり、会社の重要事項を決定するのが取締役、その決定した事項を実行していくのが執行役という関係になっているのです。もしも執行役が２名以上の複数いる場合には、対外的な代表となる「代表執行役」を１人選ぶことになります。

　執行役の収入は、取締役と同じように役員報酬といわれるものを受け取ります。また、執行役と取締役は**兼任**することができ、実際に執行役と取締役を兼務しているケースも多いようです。

~Memo~

【練習問題】

1 CEO とは何か説明しなさい。

2 執行役員について、「従業員」という言葉を使って説明しなさい。

3 執行役の特徴を、「執行役員」と比べて説明しなさい。

3節　経営責任者としての役員（Ⅱ）

1　執行担当役員とは

【用語説明】

- ♡ 担う　　　　仕事を責任もって引き受ける
- ♡ 総称　　　　共通のものを１つにまとめて呼ぶこと
- ♡ 投資　　　　会社の成長を期待し、会社の事業資金としてお金を出すこと
- ♡ 会社価値　　会社全体としての事業価値を金額で表したもの

❶業務担当役員は会社の中心メンバーとなり、実際に会社の業務執行という大きな役割を担っています。

❷監査担当役員は業務執行を担当しないが、業務の遂行や会計参与がきちんと行われているかチェックをする役員です。

　第２章２節では、「執行役員」や「執行役」について説明しました。ここでは「執行担当役員」について取り上げます。言葉が似ていて、間違いやすいので、少し補足説明します。「執行役員」も「執行役」も会社の重要なポスト（post）になっていることは間違いではないが、会社法では、執行役は役員で、執行役員は従業員という立場なのです。

　役員とは、業務の執行、業務や会計の監査などの権限を持つ者のことをいいます。その役員を職務として分類すると❶業務担当役員と❷監査担当役員の２種類に分けられます。株式会社の場合は、業務執行担当役員の役割を取締役が、監査担当役員の役割を監査役が担っています。このように、「執行役員」や「執行役」は実際のポストとして存在していますが、「執行担当役員」は役員の中でも、執行を任せられている人たちの総称として用いられています。

　第２章２節で説明したように、執行担当役員は英語で「officer」と訳されています。そのため、業務内容に応じて、「〇〇officer」と名称が付けられています。これは企業の規模や規定によって違いはありますが、**投資**して資産を増やしたい株主のために、日々の業務を責任もって行わせるための仕組みです。このように、会社の執行担当役員は各々の役割を担って、**会社価値**の向上に取り組まなければならない役職です。

2　社外取締役の仕事

❶子会社とは、他社が自社の経営権を左右するほどの株をもっている会社のことです。そして、その子会社に対して、経営権をもっている会社を親会社といいます。

　社外取締役とは、その言葉のとおり、社内から選ばれるのではなく、会社の外部にいる有識者や経営の経験者から選ばれる取締役のことをいいます。社外取締役になるには、過去も現在も、その会社及び❶子会社の役員または従業員として在籍したことがないことが条件として決められています。

　このような条件をつけているのはそれなりの理由があります。会社の外部から人材を起用することによって、会社から独立した客観的な立場で経営に対する監督を行うことができるという利点があるからです。これまでの日本企業における取締役の多くは、会社で長年勤めた、年功が長く、会社に多大な貢献をした人を社内から選んでいました。さらに代表取締役も社内から選ばれるというのが一般的でした。

　社内から取締役を選ぶということは、会社のことをよく知っているという利点はありますが、それは欠点でもあります。社内の内情を知っている分、人間関係や損得勘定から、本来、取締役がやらなければならない、他の取締役や代表取締役の職務に対する監督や経営に対するチェック（check）機能が働かないという恐れがあります。

❷グローバル化とは、国や地域の間で分けられた境界を取り除き、地球は1つ、地球規模で仕事を進めていくことです。

　今日のように企業の❷グローバル化（globalization）が進み、海外機関投資家を中心に、株主利益のために取締役の職務執行をきちんと行うべきだという意見が多くなっています。これらの意思に答えるため、社外取締役を導入する動きが広がっています。社外取締役を必ず選任しなければならないという義務はないが、置かない場合は株主総会の参考書類に記載しなればならないと規定されています。それ以前に会社にとっては経営状況の健全性や客観性確保の意味で社外取締役の役割は重要だといえます。

3　監査役の仕事と役割

【用語説明】

♡　計算書類　　　事業活動に伴い、費用、利益などの成果を計算して記載した書類
♡　会計監査　　　費用、利益などが適切に記載され、損益計算の妥当性を調べること
♡　任期　　　　　ある仕事を行うために限られている期間
♡　兼務　　　　　異なる業務内容や部署を２つ以上行うこと

❶大会社とは、会社法で次のように定義されています。
イ.最終事業年度に係る貸借対照表に資本金として計上した額が５億円以上であること
ロ.最終事業年度に係る貸借対照表の負債の部に計上した額の合計額が 200 億円以上であること

❷会社の定款で「株数に関係なく、譲渡制限がなく、自由に株式を譲渡できる株式を発行できる」と定めている株式会社のことを公開会社といいます。詳しくは第３章で説明します。

　監査役とは、会社法で定められた役員として、主に取締役の職務執行の監査を行っている役員のことです。具体的には、会社の活動内容をチェック（check）する業務監査と計算書類の内容を専門的にチェックする会計監査を行っています。これらの監査は、株主にとって不利益ではないかという視点で行われるため、取締役の指示命令から独立して、管理監督する必要があります。監査した結果を知らせることはもちろんのこと、何か問題があった場合は、それを指摘して止めさせる権限をもっています。監査役の任期は４年で、10 年まで延長することができます。また、監査役の中から常勤監査役を定めることになっています。

　監査役全員によって構成される機関を監査役会と言います。監査役会は会社法では、原則として株式会社には監査役会を設置する必要はないと規定されています。ただし、❶大会社であり、❷公開会社は、監査役会を設置しなければならないと決められています。監査役会は３人以上の監査役で構成されています。その監査役のメンバーのうち半数以上は社外監査役ではなければならないと決められています。

　また、前項の第２章３節２で学んだ「社外取締役」と同じように、社外監査役は、過去にその会社の役員や従業員であったことがない、会社の外部から監査役になった人のことを指しています。社外監査役を迎えることで、客観的な立場で、会社が適切・公正に経営されているか監査することができるため、貴重な存在として位置づけられています。そして、客観的な立場という意味から、監査役は基本的に他の取締役や従業員などと兼務することはできません。監査役の役割は、経営活動状況の透明性や客観性、経営コントロールのために、とても重要だといえます。

~Memo~

【練習問題】

1　執行担当役員とは何か説明しなさい。

2　社外取締役の条件と、その役割について述べなさい。

3　監査役はどのような仕事をしているのか述べなさい。

３月南アルプス風景三山の富士山

第3章

会社の運営構造

☞ 事業の資金はどうやって調達するの？

☞ なぜ仕事を分野別に分けるの？

☞ 会社経営がうまくいく組織って？

会社の運営構造

第1節　会社の規模と資金調達方法

1　社会貢献ができる会社の仕組み

【用語説明】

♤	経済格差	会社の規模や経営状況によって生じる資産、所得、賃金、待遇などの違い
♤	画一的	行動や考え方が同じようであり、個性がないこと
♤	コーポレートシチズン （corporate citizenship）	会社も市民の一員であるという考えで、会社市民のこと
♤	社会貢献	会社が自社の利益だけを求めなく、地域社会にも役に立つ活動

❶機関設計とは、新しく設立する会社としての意思決定を誰がどのように行うのかを決め、確実に定めておくことです。

　第1章3節で3取り上げたように、日本にある会社は、規模が大きい大企業は少数であり、規模が小さい中小企業が大多数を占めています。この両者の間には賃金、所得、資本、生産性などのさまざまな経済格差があります。このような格差がある経済構造のことを二重構造、あるいは二重経済といいます。

　この構造により中小企業が抱えている問題に対して、法改正や制度改革が行われ、中小企業のような規模の小さな会社の実情を反映できるようになりました。以前の法律では、会社の規模や経営方法は多様であるにもかかわらず画一的な❶機関設計が求められていました。しかし、「会社の機関設計の自由度を広げる」という制度により、ややこしいルールに縛られず、各企業の経営実態に合わせた活動を行いながら企業の維持や発展ができるようになったのです。

❷放漫経営とは、会社を私物化するなど勝手な管理のため、経営がうまくいかなくなることです。結局は、倒産するケースも多くあります。

　ここで、1つ考えてみましょう。大企業が、不正行為や❷放漫経営を行ってしまったら、どのような影響があるでしょうか。大企業は、下請会社や様々な取引先や投資家など多くの関係機関とつながっています。そのため、倒産することになれば、関係機関に、そして、社会全般に大きな影響を及ぼすことになります。そのことから、会社は大企業、中小企業にかかわらず「コーポレートシチズン（会社市民」と呼ばれているのです。企業はこれまで学んだように利益を求めていく集団です。しかしそれだけではなく、企業も市民の一員として社会貢献する必要があります。このため、企業は財団を設立し、市民の社会活動を支援したり、環境問題に取り組んだりするなど、社会全体の発展に取り組む必要があるのです。

2 株式公開の理由

❶会社の設立当時から株を持っている創業者としては、その株が市場で売買されることで、保有する株を売ると、その差額で、利益が発生します。

❷コーポレートガバナンス（corporate governance）は、企業統治と訳され、企業にとって事前に不祥事を防ぐために社内での管理・統制を行うことです。

　一般的に、会社の規模が大きくなると、自社の株や経営状況を公開します。これを株式公開といい、証券取引所において、自社が発行した株式に制限を設けず、自由に幅広く売買できるようになるのです。つまりプライベート・カンパニーからパブリック・カンパニーになることを意味しています。株式公開の主な理由は事業活動の資金調達にあります。その会社の資金調達の方法には、直接金融と間接金融と2通りあります。間接金融とは銀行などの金融機関からお金を借りて資金を調達する方法です。直接金融とは会社が株式を発行し購入してもらって資金を調達する方法です。金融のグローバル化により、会社の資金調達方法は間接金融から直接金融へ変化しつつあります。株式公開を行うと、次のようなメリットとデメリットがあります。

　メリットの1つ目は、株式の売買によって多額の資金調達が容易になることです。また、❶創業者は株価が上昇になった場合、莫大な利益を得ることができます。2つ目は、上場することで、マスコミに取り上げられ知名度が向上し、新規顧客の増加や優秀な人材確保に繋がることです。3つ目は、コンプライアンス（compliance）意識が高まることです。上場する審査基準に❷コーポレートガバナンス項目があるため、法令を守るための体制が強化されます。

　デメリットの1つ目は、コストの増加です。株式公開準備のためのコストや、上場を維持するために発生する費用、また、社内を管理するための人件費などが増えることです。2つ目は、市場で会社が買収されるリスクがあることです。3つ目は、社会的な責任や、業績を上げるよう、株主の期待に応えなければならず、強いプレッシャーを受け続けるということです。

3 持株会社とは

❶独占禁止法とは、企業競争を促進するための法律で、特に大手、大企業による市場の独占や不当な取引などを禁止しています。

❷ホールディングス（持株会社）だとしても、必ずしも「○○ホールディングス」と社名がついてない場合もあります。実際は、ホールディングスであるが、「○○グループ」という会社も多くあります。

近頃、「○○ホールディングス、○○グループ本社」という言葉をよく目にします。ホールディングスとは、英語の「holdings」からきた言葉で、グループ会社を「"hold"＝持つ」という意味です。そのため、「持株会社（holdings company）」ともいいます。この持株会社制は1997年に❶独占禁止法の改正によって解禁された企業経営の新しい仕組みです。

ホールディングス（持株会社）は、普通の会社と仕組みが異なっています。いわゆる普通の企業は、自社で製造や販売などの事業を行ない、高い利益をあげることを目的としています。一方の❷ホールディングスは、製造や販売といった事業は行なわず、親会社として、株の管理や子会社の運営・管理を行っています。収入は所有する会社の株の配当から得ています。

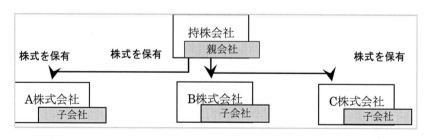

ホールディングスのメリットは、「ⓐそれぞれの子会社がと関連する事業領域に専念できる。ⓑグループ内での事業再編が容易になる。ⓒ柔軟な人事制度が構築できる。ⓓ子会社ごとに給与・福利厚生などの自由に制度が変えられ、経営効率化を図ることができる。ⓔリスクを分散しやすい。ⓕ情報隔離ができる。」ことです。

デメリットは、「ⓐ子会社間の協力を目指した連携が取りにくい。ⓑ会社間で部門や業務等が重複し、ムダが生じて全社としてのコストが増加する。ⓒ赤字になっている子会社も儲けたことになり、税金が増える可能性がある。」ことです。

~Memo~

【練習問題】

1 経済格差という意味での二重構造とは何か説明しなさい。

2 情報公開のメリットとデメリットについて述べなさい。

3 ホールディングスと普通の会社との違いについて述べなさい。

第2節　業務内容による役割分担
1　取締役会の仕事

【用語説明】

♣	解職	ある業務や事業に伴って任された役割ポストをなくすこと
♣	繁栄	事業活動が活性化になり、事業運営がよくなること
♣	衰退	事業活動の勢いがなくなり、悪い状態になっていくこと
♣	臨機応変	その場の事情に合わせ、場当たりの都合に合わせる行動

❶人事 (human resources) とは、会社で社員の採用や退職の管理、社員の能力評価などと主に関わっている人のことです。

❷TPO とは、時 (Time)、場所 (Place)、場合 (Occasion) の略語で、仕事の成果を上げるためには、TPO を上手に活用することが重要です。

　第2章では会社のトップマネジメントを行う役員としての経営管理上の組織的な役割について取り上げました。ここでは、取締役会が行うべき詳細業務について説明します。

　2006年の新会社法によると、会社には必ずしも取締役会を設置しなくてもよいと決められています。しかし、上場企業、監査役会を置く監査役会設置会社などは取締役会を設置しなければならないと定められています。取締役会の役割は、「取締役会設置会社の業務執行の決定、取締役の職務執行の監督、代表取締役の選定及び解職」であると定められています（会社法第362条第2項）。つまり、取締役会では、会社をどのように運営するかという意思決定を行い、その決定事項がきちんと守られているかチェックをしています。また、重要ポストの❶人事についても決めています。取締役会を開くメリットは、株主総会を通さなくても、取締役会だけで会社経営の意思決定ができることや、その存在で対外的な信用が高まることにあります。

　誰もがみな、会社に多大な利益をもたらし、安定した経営活動が続くことを望みます。利益を上げるため、活動方針を決め実行していくのもすべては「人」です。取締役会に出席する「人」は、その責任を十分に感じながら業務活動をしていく必要があります。取締役会の判断によって、会社は繁栄したり、衰退したりして会社の発展に大きく左右します。

　そのことから、取締役会のメンバーである取締役は、どのような立場で会社や社員といかに向き合うかが問われます。そのため、リーダーシップを取ることは大切ですが、リードするとき、協力するとき、距離をおくときなど、❷TPO をわきまえ、臨機応変に判断することが重要です。

2　様々な雇用形態

【用語説明】

♤	ボーダーレス	社会や会社の活動が国境のハードルを乗り越えて行うこと（boardless）
♤	柔軟性	経済社会の環境の変動に合わせた早めの適切な対応ができること
♤	非正規雇用	正社員以外のことで、契約期間が限られている雇用制度
♤	雇用形態	正社員、契約社員やアルバイトなどの雇用種別

❶契約社員は、基本的に定年するまで雇用される正社員と違って、労働契約で雇用期間が定められています。

❷嘱託社員とは、定年して退職後に再雇用されて働く従業員のことです。

❸派遣社員は、非正規雇用形態の一つです。人材派遣会社と労働契約を結び、派遣会社と派遣契約を結んでいる会社へ派遣される従業員のことです。

❹アンバサダー（ambassador）は、大使と訳されるが、ビジネス用語では、自社の商品を自発的にSNSなどで宣伝する人のことを指します。

今日の企業活動は経済社会のグローバル化に伴って、事業のグローバル化が進んでいます。

これは、事業のボーダーレス（boardless）化時代を迎え、それまでの日本型経営が限界であることを意味します。以前は、一度、ひとつの会社に入社したら、基本的に定年までその会社で働くことができました。また、年齢や勤続年数、学歴によって会社内でのポジションや給与が決まっていました。

しかし、経済社会環境の急速な変化に対応するために、会社は各分野の能力に長けた人材を急いで確保しなければならなくなりました。また、景気変動に合わせて従業員数や人員配置の調整をリアルタイムで行えることが求められています。たとえば、会社で働く人が全員、正社員だったなら、雇用の柔軟性欠如や高い人件費が問題になります。そこで、非正規雇用形態である、❶契約社員、❷嘱託社員、❸派遣社員等が活用されています。さらに、それぞれの事業活動に必要な人材を把握し、従業員をいくつかの人材タイプに分類し、事業活動に必要な人材を調整するようなシステムである人材ポートフォリオ（human resources portfolio）が必要な時代になっています。

社員は会社を動かす主役で、社員一人ひとりの特性や事情に合わせ、適切なポジションに配置できれば、会社にとって大きな力になります。また、「社員は❹アンバサダーである」という言葉があります。SNSが普及している今日では、自社が取り扱っている商品のよさをよく知っている社員こそが世の中に自ら情報を発信し、訴えることができます。社員が最大限の能力を発揮できる職場であれば、会社にとっても大きな利益をもたらすことになります。

3 役割分担としてのラインとスタッフ

【用語説明】

♤　プロフィット　　　　会社が事業活動に伴って得た利益（profit）

♤　収益性　　　　　　　会社経営でどれだけ利益をあげて儲けられた程度

♤　ノンプロフィット　　社員が事業活動をしたが、利益事業をしないこと（non-profit）

♤　（人事）異動　　　　職場での地位、勤務する部署や場所などが変わること

❶部門において、コントロールできる費用（管理可能費）とコントロールできない費用（管理不能費）があります。ライン部門として、付加価値の最大化と管理可能費の最小化への努力によって、直接利益を最大限に生み出すことができます。

❷中核事業は、会社の事業活動の中で最も自社の競争力強化と直結するところです。会社の存続を左右するため、経営資源を集中的に活用します。

　皆さんは企業で働くことになったら、どのような仕事をしたいか、一度でも考えたことがありますか。仕事は業務内容によって様々な分類に区分されています。また、会社の仕事は、ライン部門とスタッフ部門と２つに分類することができます。

　ライン部門とは、製品やサービスの製造や販売と関わるところです。製造、開発、購買、営業などの業務を担い、❶直接利益を生み出す部門での活動しているところです。そのため、プロフィット部門とも呼ばれています。ライン部門で働くことになると、会社の収益性と直結しているため、業務上の責任を負うとともに大きなやりがいを感じるかもしれません。

　スタッフ部門とは、ライン部門の組織をサポートする部門のことです。例えば、総務、人事、経理、広報のように直接利益を生み出さない業務のことです。そのため、ノンプロフィット部門ともいいます。スタッフ部門で働くと、自分の働きが会社に直接的な収益性とつながらないので、自分自身の業務成果を直接評価することが難しいかもしれません。

　ラインとスタッフは、それぞれの役割が異なるだけで、一般的に社内的な位置付けは対等です。お互いに力を合わせて仕事を行っています。また、会社では社内で違う部門に異動することがよくあります。スタッフ部門で働いている人は、会社経営に関わる❷中核事業について幅広く理解する必要があります。スタッフ部門のマネージャーがライン部門に異動すると、一般的に主要な管理職を任せられるからです。

　就職先を探している人は、自分に合った仕事を探したいと思いますが、まず、大まかにライン部門とスタッフ部門のうち、どちらが自分に向いているか考えてみるとよいでしょう。

〜Memo〜

【練習問題】

1 プロフィット部門について説明しなさい。

2 人材ポートフォリオとは何か説明しなさい。

3 ライン部門とスタッフ部門の違いについて、簡単に説明しなさい。

第3節　定款が定めた経営組織

1　監査役設置会社と委員会設置会社

【用語説明】

♤	ガバナンス	組織をまとめるためにルールなどを決めて実行させること（governance）
♤	コーポレートガバナンス	企業を対象にしたガバナンスとして企業統治ともいい、と企業が適正な事業活動の維持や確保を目指すこと（corporate governance）
♤	委員会	戦略や方針を決めるため、多くの人が集まって重要な意思決定を行う集団

❶会社法は、2006年5月1日から施行されている法律で、文字通り「会社の設立と運営に関する基本ルール」について定めています。その内容は会社の設立や解散、株式や社債等の資金調達、組織運営などについて示されています。

❷指名委員会には、取締役を選び（選任）、あるいは解任を決める権利があります。

❸取締役が受ける報酬（給与）は、報酬委員会の議決により決められます。

ここまで、会社は、「所有と経営の分離」により株主から経営を委任された取締役が、株主の代わりに経営を行っていくという仕組みについて取り上げてきました。

また、上場会社や大会社のように、社内だけではなく社会的にも大きな影響力をもつ会社では、**ガバナンス**の質を保つために監査役や監査役会を設置するということを説明しました。

❶会社法の規定により監査役を置かなければならない株式会社を監査役会設置会社といいます。監査役設置会社には業務を行っている取締役が違法行為や不正行為をしていないか、適切な業務が行われているか、監査する役割があります。監査を行う監査役は、社内から選ばれた人と、社外で選ばれた人が担います。監査役を社内で選ぶと、少なからずデメリットが生じます。特に取締役を牽制したり、監査したりしなければならない監査役が取締役と知り合いであれば、適正な監査や調査ができない可能性があります。これでは、本来の目的であるガバナンスの仕組みが上手く機能しません。

そこで、業務執行とその業務をチェックする役割を明確に分け、**コーポレートガバナンス**が十分に機能するような仕組みが必要です。このような会社を**委員会設置会社**といいます。委員会設置会社には❷指名委員会、❸報酬委員会、監査委員会の3つの委員会があります。これらの委員会は、それぞれ取締役会で選定された3人以上の取締役で構成されています。また、委員会設置会社には監査役を設置できないという特徴があります。通常の会社であれば監査は監査役が実施しますが、委員会設置会社では監査は監査委員会が実施します。

2 定款の必要性

❶将来に不要な紛争や不正行為を防止するためにも定款の作成が必要です。定款の内容については正確性及び適法性を確保するために定款に認証が必要となります。

会社のような組織を運営するためには、定款が必要です。定款とは、会社を運営していく上での基本規則を定めたものです。事業に当たって基本的な経営指針を定めた定款は、会社の**所在地**を**管轄**する**公証役場**に提出して**公証人**の❶認証を受けなくてはなりません。これを定款の認証といいます。会社を設立する時に必ず作成しなければなりません。その定款には次のようなことが記されています。

１番目は、絶対的記載事項で、会社名、所在地、出資額など、定款に必ず記載しなければならないことです。

２番目は、相対的記載事項で、取締役の任期、監査役の設置など定款に必ず記載する必要はないが、定款に記載がなければその定めの効力が生じないことです。

３番目は、任意的記載事項で、役員の報酬、株式の取扱いなど、法律に反しない内容であれば、会社が任意で決めたことです。

会社はこの定款に沿って自主的に運営できますが、この自主運営のことを定款自治といいます。定款自治は、法律で許された範囲内ですが、定款に規定した方が、法律の原則規定よりも優先されるという意味合いがあります。会社を設立する時、設立の手続きは簡単ですが、定款の作成は慎重に行われなければなりません。それは作成された会社の規定を破ることはできず、定款に従った会社運営をしていくルールがあるからです。

❷法務局とは、不動産である土地や建物、株式会社のような法人の登記を取り扱っている国の機関です。全国に約500か所あります。

しかし、定款は一度作ったらそれが永遠に続くわけではなく、会社の事業や組織、資本を変更したときなど状況に応じて変更する必要があります。定款を変更する時、定款は会社にとってとても大切な決まりなので株式会社の持ち主である株主の同意を得るために株主総会で決議しなければなりません。変更内容によっては、❷法務局で定款変更の登記申請が必要な場合もあります。

3 会社の機関設計

❶機関設計は様々な機関の組み合わせができます。しかし会社の実態をよく考えた上で、最適なパターンを選択すべきです。機関設計が経営陣の迅速な意思決定を妨げ、取締役会の機能低下につながるといけません。

❷上場会社と公開会社は同じではありません。上場会社は株式譲渡に制限がないため、公開会社だといえます。しかし、公開会社が上場しなければ、上場会社とはいえません。

　会社では、事業運営について意思決定を行ったり、その運営状況に関する監査等を行ったりする役職や組織が必要で、このことを会社の機関といいます。株式会社の機関には、株主総会、取締役、取締役会、会計参与、監査役、監査役会、会計監査人、委員会があります。会社の組織が円滑に機能するために、これらの機関をどのように組み合わせるかが大切です。この組み合わせを機関設計といい、❶会社の機関設計は完全に自由に決められるわけではありません。新会社法により、最低限のルールを定めて、その他は会社が自社なりに設計することが可能になりましたが、機関設計が選択できる一定の幅は決められています。

　会社の規模が違う大会社と中小会社では、制限の違いがあります。会社の規模が大きくなり取引額が増えると、社内外への影響力が高まるため、経営状況を厳しく監視する必要があります。そのため、厳しい規制が必要な大会社は中小会社に比べ、その設計の自由度が限られています。

　しかし、大会社でも非公開会社なら、❷公開会社と比べて自由な設計ができます。株式譲渡に制限を定めている非公開会社は、自由に株式を譲渡することができないため、株式が市場に流通することはありません。そのため、社外から受ける、または社外へ与える影響が少ないので、公開会社と比べて厳しい規制は必要ないと考えられており、自由に機関設計ができます。

　このことから、一般に設立当初は、「中小会社で非公開会社」は機関設計の選択の幅が広く、設計しやすいです。逆に、「大会社で公開会社」の機関設計は、さまざまな規制が必要なため、選択の幅は狭いです。このように公開会社かどうか、会社の規模によって会社の機関設定のルールは異なっています。

~Memo~

_____

_____

_____

_____

_____

_____

_____

_____

_____

_____

【練習問題】

1 監査役設置会社と委員会設置会社において、それぞれ役割を述べなさい。

2 定款とは何か、また定款を設ける理由について説明しなさい。

3 会社の機関設定とは何か説明しなさい。

第4節 会社の組織

1 会社の発展と縦割り組織

【用語説明】	
♤ 利害関係	お互いに関係しあって、損得の関係があること
♤ 持続的成長	長い間、衰えず継続して成長・発展すること（sustainability）
♤ トレンド	ある時代における傾向や流行（trend）
♤ 人事権	メンバーの能力に合った適材適所を求めて働く部署や場所を決める権限
♤ 縦割り組織	組織が身分や立場など上下関係を中心に運営されている組織

❶顧客（customer）とは、お客様、クライアントともいい、自社の商品やサービスを購入してくれる人のことです。顧客には繰り返して購入してくれるリピート客はもちろん、これから購入可能性のある人も含めています。

❷事業部制組織は、経営陣から事業運営の権限を現場責任者に与えられたため、その都度、報告せず、現場責任者の判断に基づいて迅速な意思決定ができます。そこで、事業タイミングを逃さず、経営成果を高めることができます。

　経営者、従業員、株主等、会社に利害関係がある人なら誰もが会社の経営が安定し続けることを望みます。会社を倒産させることなく会社を持続的に発展させることが会社経営の最大の目標です。会社の発展のためには会社自体が持続的成長をしていく必要があり、企業努力や戦略が必要です。

　毎年、「今年、流行した商品は〇〇です」と発表されるように、商品やサービスにもトレンド（trend）があります。今のトレンドに合う商品やサービスでも年月とともに売れなくなるので、次のトレンドに合わせた商品やサービスが必要です。つまり、今、その商品やサービスを好んでいる❶顧客もずっと愛用し続けるとは限りません。つまり、社会環境や顧客が変わっていく以上、会社も市場の状況やニーズに合わせて柔軟に対応していかなければなりません。

　そこで、会社は市場をチェックし、自社の組織構成を常に気にかけておく必要があります。多くの会社は、「❷事業部制」という組織構成を採用しています。製品別に事業部を置いている会社もあれば、地域別に事業部を置いている会社もあります。この各事業部にはそれぞれで製造や研究開発、営業などの機能をもっているのが特徴です。事業部制では、事業を運営するために必要な権限は与えられているが、人事権や財産管理、投資などの事業運営に直接的な参加はできなく、その権限は本社にあります。縦割り組織ともいえる事業部制の問題点を乗り越え、人事権や投資権などの経営戦略上で必要な意思決定の権限も与えられたのが「カンパニー制」です。

　ここではヒト、モノ、カネを各事業部に分配し、事業部門を一つの独立した会社のように位置づけています。

2 横断的組織

❶横断的組織は、各部署のメンバーで構成されるため、複数の部門間のコミュニケーションの向上を図ることができます。そして、メンバーがプロジェクト・チームから元の業務に戻った後も積み重ねた経験を活かして、今後の人材育成につながります。

❷プロジェクトマネージャー (project manager) とは、プロジェクト・チーム全体を取りまとめ、「いかにプロジェクトの目標達成を果たすか」という責任持って実行する人のことです。

前項で取り上げた事業部制やカンパニー制の組織形態は、一般的に縦割り（縦断的）組織型の構成となっています。つまり、ピラミッドをイメージしたような組織です。上司や部下の関係が分かりやすく、命令系統が明確であるため、会社から与えられている役割に専念しやすいというメリットがあります。しかし、デメリットもあります。部署内部では、縦割り型の上下関係で構成しているため、上のポジションに就くために過度な競争が生じやすいことがあります。また、部署外の問題として、部署間の連携が取りにくいことがあります。たとえば、何か製品に関する問題が起きたとします。問題を解決するために、各部署の責任者が集まって話し合いをしますが、結論が出にくいことがあります。その理由は、部署ごとに問題意識がばらばらで原因に対する認識も様々だからです。

この縦割り組織のデメリットを補うのが❶横断的組織という組織です。横断的組織は、プロジェクト・チームともいい、縦割り組織でできた部署という枠を超えてメンバーを集め、同じチーム内の活動に専念できます。一定期間だけ活動するチームもあれば、永続的に活動するチームもあります。一時的なチームであれば、目標を達成すると解散し、メンバーは元の業務に戻ことになります。チームで進める業務の例には、株式公開の準備や新経営計画の策定、特殊な商品開発などがあります。

プロジェクト・チームをまとめるのは、❷プロジェクトマネージャーです。そのほか、「プロダクト・マネージャー制」という形態があり、開発プロデューサーともいわれています。これは、プロジェクト・チームと違い、担当する製品やサービスの企画開発から広告、販売、流通に至るまでの戦略を立てた立案を実行しています。プロダクト・マネージャーは名前の通り、プロダクトの責任者になります。

3 労働組合とは

❶労使とは労働者と使用者のことです。この場合の使用者とは、労働者を雇った会社の経営者側を指します。

❷日本における最初の労働組合は、1880年年代に結成されて100年以上の活動を続けています。
「労働組合基礎調査の結果」によれば、今日の労働組合員数は、1,007万人に達しています（2018年6月30日現在）。

会社には従業員の権益を保たせるために、労働基準法という法律があります。この法律は、職場で働く際の労働時間、賃金、休日などの労働条件について最低限の基準を定めています。この法律の問題はさておき、最低限の基準より働きやすい条件・環境にしていくためには、❶労使が話し合って、より良いルールや労働環境が必要となります。その話し合いの場となるのが、労働組合による労使交渉です。労使交渉の場では、労働組合の代表が経営者である使用者と対等の立場に立って、従業員である労働者の利益を守る交渉を行います。

日本では、個々の企業にある労働組合や同業者が集まって結成された産業別労働組合、日本全国の労働組合を取りまとめている連合組織があります。労働組合は全ての会社にあるわけではないですが、労働組合がない会社で働いていても何らかの労働組合に加入することができます。不当な解雇があった場合など、1人では解決できない問題に直面したとき労働組合の存在は心強いでしょう。しかし、労働組合があっても実際、機能していないことや運営費として組合費を負担しなければならないこともあるでしょう。

労働組合は労働者だけでなく、経営者側にもメリットがあります。労働組合の話し合いの場を通して、現場の意見や苦情、問題点を理解することができるため、就業規則改正等を考える際、労働者と交渉する案を収集するのに役に立ちます。

❷労働組合の活動において、日本国憲法では、労働組合を結成する権利（団結権）や経営者と対等に交渉する権利（団体交渉権）、経営者との合意に至らなかった場合のストライキ権など会社の運営を阻害する権利（争議権）の労働三権が認められています。

~Memo~

【練習問題】

1　事業部制とカンパニー制の長所と短所について述べなさい。

2　縦割り組織の問題点と横断的組織の良さを説明しなさい。

3　労使とは何かを説明したうえで、労働組合の役割について述べなさい。

安徽宏村の裏路地

第4章

会社の環境変化と発展

会社の環境変化と発展

第1節　会社の環境変化

1　会社の様々な業種

【用語説明】

◇	勤務	会社で働くこと、仕事をすること
◇	給与所得者	雇われて働き、その代価として給料をもらう人、働く人のこと
◇	建設業	主に土木、建設の仕事と関りがある業種
◇	小売業	卸売業者から商品を仕入れして、ユーザー・消費者に販売する業者
◇	卸売業	メーカーから商品を仕入れして、小売業者に販売する業者

❶中小企業白書とは、経済産業省が毎年5月に中小企業庁から公表され、中小企業の動向を詳細に調査・分析した結果をまとめた報告書のことです。

❷中小会社とは、製造業なら資本金が3億円以下または従業員が900人以下で、サービス業なら、資本金が5千万以下または従業員が100人以下の会社のことです。（出所：中小企業庁）

❸2006年に施行された新会社法では資本金5億円以上または負債総額200億円以上の会社を「大会社」で、それ以外の会社は「中小企業」と定めています。

❶中小企業白書の統計によると、日本には、約150万の会社があるといわれています。150万の会社のうち、99.2%は❷中小会社です。そして、およそ5,000万の人がどこかの会社に勤務しています。そのうち、約9割は、製造業なら20人以下、商業・サービス業なら5人以下の小規模会社に従業員として勤務しています。そして、約12,000社ある❸大会社にはグループ会社も含めて、大勢の従業員が働いています。それでも日本の給与所得者の大多数は中小会社で働いているのです。

さて、求人情報を見ていると「業種」と書かれていることに気付くと思います。業種は20種類に区分されています。下の表は、その一部です。例えば、皆さんが外食を楽しむレストランや居酒屋などの飲食業を営む会社は、飲食サービス業と呼ばれています。そして、米や野菜を作る会社は、農業という業種に相当します。

このように様々な業種の会社が、それぞれの役割を果たしていることによって、私たちは豊かに暮らせているのです。

業種別の事業内容

業種	事業内容
農業、林業	農耕作業など、木の伐採などを行う
漁業	魚介類、のりなどを捕獲・養殖する業種
建設業	主に建設工事を行う業種
製造業	モノを作り・販売する業種
保険業	保険というサービスを提供する業種
運輸業	旅客や貨物の運送にかかわる仕事
卸売業・小売業	スーパーマーケット、薬局などの販売業
宿泊業、飲食サービス業	ホテル、旅館など、料理を提供するレストランなど
医療・福祉	病院、介護施設を運営する業種

2 持分会社の形態

【用語説明】

◇　会社の債権者　　会社の運営上、お金を借りた人に対して返済すべき人
◇　連帯　　　　　　自分が行った行為ではないが、関係者と共同で義務を負うこと
◇　執行　　　　　　業務を実際に行うこと
◇　任意組合　　　　関係者が共同で出資や事業を行う合意のもとで成立している民法上の組合

❶日本のほとんどの会社は「株式会社」です。株式会社の主な特徴は、お金を出す人（オーナーや株主）と経営する人が存在し、それぞれの人が役割を分担していることです。

出資者と経営者の位置づけについて、日本では、所有と経営が分離している❶株式会社と分離していない持分会社の２つの会社に分類されます。後者の持分会社には、合名会社、合資会社、合同会社と３つの会社があります。持分会社については、第１章５節２で取り上げましたが、ここでは、より詳しく説明します。

まず、持分会社の１つである合名会社とは無限責任社員だけで構成されている会社のことです。社員は会社の債権者に対して、直接連帯して無限の責任を負いながら、定款に特別の定めがないかぎり原則として会社の業務を執行しながら代表の役割を果たしています。

次に、合資会社とは、無限責任社員と有限責任社員とから構成されている会社のことです。無限責任社員は、債権者に対して直接無限責任を負って会社の業務執行を行います。有限責任社員は日常の経営には参加せず、限られた監視権を持つのみで、自分が出資した分だけ、会社に対して責任を負います。

そして、合同会社とは、経営者と同時に出資者でもある有限責任社員からなっている会社のことです。出資者の責任は出資額までの有限でありながら任意組合のように出資者以外でも定款で定めれば、利益配分や権限分散ができます。法人でも出資者になれるので、企業同士の共同事業などにも適しています。

❷「持分会社」では出資者が常に出資し続ける必要がなく、出資金の払い戻しもできます。これが「株式会社」と比べて最も異なる点です。

これらを無限責任があるかどうかという視点からまとめると、❷合資会社と合同会社は社員が会社の負債に対して無限責任を負っていることが分かると思います。株式会社に比べて、自由度が高いという利点があるものの、このような無限責任というリスクもあるのです。

3 起業しやすい新会社法

【用語説明】

◇　商法　　　　事業の仕方、商業上の取引ルールを定めている特別法
◇　機関設計　　会社の組織図を描き、機関・グループをいかに設置すべきかの組み合わせ
◇　M&A　　　新たな組織として、企業を合併・買収すること（Mergers & Acquisitions）
◇　起業　　　　創業とも言われ、新しい事業を起こすこと

❶日本人の配偶者と永住者以外、外国国籍の人が会社設立の場合は、資本金が少なくとも 500 万円が必要です。

　「1 円あれば自分の会社が作れる」と、よく耳にします。2006 年にできた新会社法では、❶株式会社の最低資本金は 1 円だと定められています。驚く人もいると思いますが、これは適切で事業実現性が高い事業計画に伴った設立手続があれば、資金が少なくても会社を作れるようになったことを意味しています。

　会社法は会社の設立から経営全般に関するルールを法律として定めています。つまり、会社法とは、会社の設立、組織、運営、管理など、会社全般のルールに関する基本法なのです。これまでの会社関連の法律を体系的に整備する必要があったため、2006 年に従来の旧商法、旧商法特例法、旧有限会社法を統合して再編されたのが新会社法です。新会社法は、最低資本金規制の廃止、設立手続きの簡素化、機関設計における選択の自由度、M&A の規制緩和などを中心に大きな改正が行われました。最低資本金規制の廃止については冒頭で話題にしましたが、❷新会社法では、最低資本金 1 円でも株式会社を設立できるようになりました。

❷新会社法では、1 円でも株式会社を設立できますが、株式会社の場合は、定款に貼る収入印紙代、謄本手数料や登録免許税などの諸費用が必要で、実際は最低限の費用として 21 万以上がかかります。

　新会社法の目的は、会社に関する法制度の不均衡を是正し、経済社会の環境変化に対応することです。また、起業への制限をなるべくなくして若者を中心とする創業や事業の活性化を促すためでもあります。また、起業のハードルが低くなっていることで、ベンチャーなどの零細企業の起業促進に繋げようとするねらいもあります。そのため、これまでのルールであった会社設立のために「株式会社の資本金は 1000 万円以上」「有限会社の資本金は 300 万円以上」という規制がなくなり、創業準備金にあまり余裕がない人でも一定の手続さえすれば、株式会社の設立が可能になりました。

~Memo~

【練習問題】

1 　中小企業とは何か、簡単に説明しなさい。

2 　株式会社と持分会社の相違点について述べなさい。

3 　新会社法の主な改正点について説明しなさい。

第2節　競争環境の変化
1 バブル経済と株価

【用語説明】
◇　好景気　　　　事業活動が活発になり、経済事情がいい状態
◇　岩戸景気　　　1958年7月から1961年12月までの42ヶ月間、高度の経済成長が続いた時期
◇　いざなぎ景気　1965年11月から1970年7月までの57ヶ月間続いた高度経済成長期
◇　リゾート　　　日常生活上で住むマンションではなく、休暇や休みの空間として作られたマンション
　　マンション　　（holiday apartment）

❶右肩上がりとは、グラフの線が右にいけばいくほど、上がっていく形から、年月とともに景気がよくなることを意味します。このことから経済、業績の状況を説明する時によく使われます。その反面、右肩下がりは経済状況がどんどん悪くなりつつあることを意味します。

❷1989年に不動産や株などの資産の価格高騰を抑えるため、日本銀行は「不動産融資総量規制」と「公定歩合引き上げ」といった金融政策を実施し、不動産の過剰融資規制と金利の引き上げを行いました。

　日本経済史で有名なものに、バブル経済期があります。バブル経済とは、経済が現状や実態以上にバブル（bubble）のように膨らむ状態のことです。日本では、1986年後半から1990年の中頃まで好景気が続いていました。これを平成景気といいます。1945年以降の経済状況には、岩戸景気といざなぎ景気がありました。

　この平成景気は、これらの2つの景気を追い越したこの時期をバブル時代といいます。日本の土地や株は本来の価値よりはるかに高い価格になり、個人や会社が持つ資産の価値がどんどん高くなりました。❶右肩上がりで成長期の会社は大きな投資を行い、物価や給与が年々当然のように驚くほど上がりました。人々は、給料が高くなり、お金の使い方も派手になり、高級ブランド品、高級車、美術品、リゾートマンションなどの贅沢品を買い集めました。これらの現象は「土地、株価、自分の給料は永遠に上がり続けるもの」と人々が思ったから起こったものでした。

　そこで、政府はこれらの問題の対応策として、不動産を買うお金を借りにくくしました。その1つの策が❷1989年に行った金融政策でした。このことにより、銀行からお金を借りて株や土地などを買う人が減りました。その結果、1990年に土地の価格と株価が暴落しました。株価が下がったら、大勢の人たちは「このまま自分が持っている株が使い物にならない」ことを恐れて、一斉に株と土地を売り始めました。そうすることで、地価と株価がさらに右肩下がりになり、バブル経済が崩壊しました。それにより右肩上がりの経済成長は終わりを告げて、そこから20年にも及ぶ経済低迷期に突入しました。

2　戦略としての事業拡大と本業回帰

【用語説明】

◇　事業拡大　　　　　　従来までは事業活動をしなかった新しい事業分野に進出すること
◇　戦略　　　　　　　　長期にわたり、競合社に勝ち、もっと成果を上げるために会社経営方法を練ること
◇　市場シェア　　　　　ある製品が当該市場全体の中で占めている割合（market share）
◇　コアコンピタンス　　自社において競合社よりはるかに高い競争力がある事業部門（core competence）

❶組織は大きくなればなるほど、意思決定が遅くなる傾向があります。
そのため、会社は事業拡大と同時に、迅速な対応ができるような体制を整えることが望ましいです。

❷本業回帰とは、従来までやって来た主な事業分野に戻ることです。採算が取れない事業を切り捨て、会社としては業績の向上に繋げようと、一部の業務を外部に委託したり、従業員のリストラや人手削減をしたりして事業縮小を行います。

多くの会社は、社会が好景気であっても、自社業績が悪くなると、事業拡大の戦略を行います。また、不景気でも会社は急いで経営多角化の一環として新しい事業を積極的に進めて、事業部門や子会社を増やし続ける場合があります。その方法は大きく2つに分けられます。

1つ目は、既存事業の拡大です。これまで既に製造・販売してきた商品やサービスで、別の市場への参入を図る戦略です。例えば、本来、赤ちゃん向けのおむつを作っている会社が新たに年寄り向けのおむつを生産するケースが考えられます。

2つ目は、新規事業の拡大です。これまで生産・販売していなかった商品やサービスを、新たに始める戦略です。例えば、富士フィルムは本業であるフィルム事業を控え、全く新しい部門の化粧品の開発や製造をしています。また、楽天は創業当時の事業とは異なるモバイル事業を立ち上げました。市場シェア拡大に伴って、新しい商品やサービスを提供することによって、これまで手に入らなかった部門の利益が獲得できます。テレビや雑誌などの宣伝手段を通して、自社のことが知られて、知名度も高まります。しかし、❶事業拡大は従業員を増やすことと組織を大きくすることで、人件費、賃貸料などの固定費用が高くなるというデメリット（demerit）があります。このデメリットがあったとしても、新しい環境で生き残るため、会社はコスト管理の意識を高め、経営資源が高く競争力がある本業に集中する戦略もあります。リスクが高い、あるいは採算に合わない事業をあきらめ、場合によっては❷本業回帰を進めます。この方法を取ると、会社でのポスト（役職）が増えないため、「終身雇用、年功序列」という日本独特の人事制度は崩壊しつつあります。日々激しくなる国際競争の中で、勝ち残れるのは事業拡大だろうか、それとも長所がある本業回帰だろうか。まずは最適な戦略を求め、自社のコアコンピタンスを正しく見極める必要があるでしょう。

3 多様な競合社

【用語説明】

◇　付加価値　　　　　会社の事業活動に新たに付け加えられた価値
◇　ニーズ（needs）　　顧客や市場がほしがっている財やサービス
◇　競争環境　　　　　企業の社外環境のことで、競合社の動きや当該市場の状況
◇　売り手　　　　　　財（製品）やサービスを売る側
◇　買い手　　　　　　財（製品）やサービスを買う側

❶「売り手市場」とは、財やサービスの売り手が優位に立っていることを指します。

1950 年代と 1960 年代は製品の売り手市場であって、性能・デザイン・価格などが会社の事情で決められていました。

❷「買い手市場」では、消費者のニーズで製品の性能・デザイン・価格などが決まります。

❸富士フィルム社はコダック社と同様にデジタルカメラ製造社のソニー社に敗れ、フィルム事業が衰退しました。

しかし 2005 年にフィルム独自の劣化防止技術を活かして化粧品を開発し始めました。現在は本格的に化粧品事業に参入して、自社ブランドを立ち上げ、持続的な発展をしているところです。

　ライバル会社（競合社）といえば、一般的には同業者の会社のことだと考えるでしょう。1960 年頃の製造者中心の❶売り手市場の時代であれば、確かにその通りでした。しかし、1990 年代を境に市場は大きく変化し、街には商品があふれ、人々の暮らしは豊かになりました。それまで大量生産とともに安価で高性能製品が求められていましたが、個性あるユニークなデザインや付加価値の高い商品へと市場のニーズが変わりました。こうした変化を、売り手市場から❷買い手市場、または「工業化社会」から「高度情報化社会」への移行といいます。会社は、業種、業界を問わずに、消費者のニーズを最優先に考え、次々と新しい商品開発を行っています。それと同時に、顧客のニーズに素早く対応できる事業構造の変革も求められています。

　その一例がフィルム産業です。1991 年頃までに世界最大手のフィルムのメーカーであったコダック社（ Eastman Kodak Company ）は、2012 年に倒産しました。その時、意外な真相が判明しました。フィルム業界で勝ち取った企業はライバル社であった❸富士フィルムではなく、デジタルカメラのメーカーであるソニー社でした。しかし、その後、ノキア社がカメラ機能付き携帯電話を開発して、ソニーはその競争に敗れ、事業縮小が余儀なくされました。しかしながら、2007 年にパソコン大手であったアップルがアイフォンを発売することによって、携帯電話の市場シェアは一気にスマートフォンに奪われました。結果、ノキアは厳しい競争環境にさらされて、経営不振に陥り、他社に合併されました。今日のような事業のグローバル化時代では、競合社が必ずしも同業者とはならないのです。

~Memo~

_____

_____

_____

_____

_____

_____

_____

_____

_____

_____

_____

_____

【練習問題】

1 バブル経済がはじけた原因について説明しなさい。

2 本業回帰の理由について述べなさい。

3 事業のグローバル化時代ではライバル社が他の業界にある会社でも珍しくない。そのことについて事例を挙げて説明しなさい。

第3節　環境変化への備え
1　会社のグローバル化

【用語説明】

◇　グローバル化　　経営資源であるヒト・モノ・カネが国境を越え、モノやサービスが全世界的に動き
　　（globalization）　回ること
◇　排他的　　　　　会社の組織体が仲間や関係者以外に対しては受け入れない傾向
◇　閉鎖的　　　　　思考や行動が他の組織のやり方を受け入れがたいこと
◇　生産拠点　　　　生産地分散によるコスト上昇を防ぐため、一定の地域で集中させて生産する場所

❶経済ブロック圏内に受け入れられなかった国々は貿易の量が減少することによって、国の経済状況がさらに悪化しました。

　みなさんは、経済のグローバル化とともに、経済のブロック化（block economy）という言葉を聞いたことがありますか。歴史をさかのぼると、1929年には世界大恐慌が起こり、ニューヨーク証券取引所の株が大暴落しました。それをきっかけにアメリカを始め、世界各国が深刻な経済危機に陥りました。実はこの背景には経済のブロック化がありました。

　アメリカ、イギリス、フランスなどの主要国が自国の産業を守るために自国を中心に排他的、閉鎖的なグループを作って、その中で保護貿易が行われました。このような経済体制を経済のブロック化といいます。当然、ブロックされた他の国々は生き残るために、次から次へ自分たちの経済グループを作りました。その結果、国際間の貿易規模が急激に縮小され、❶近隣窮乏化という現象を引き起こしました。資源をめぐって各国の争いは日々激しくなって、やがて第2次世界大戦を招いた一因になったといわれています。

　このような反省点をふまえ、戦後の世界経済の体制は、自由貿易を促すため、GATTからWTO発足まで長い道のりを歩んできました。加盟国は当初の23カ国から164カ国（2019年現在）まで増え、今後もさらに増加する見込みです。

❷グローバル化企業とは、海外事業の拠点となっている国以外の多くの国においてビジネスを展開し、自社発展を目指していることです（例えば、海外進出、海外拠点の拡大など）。

　貿易の自由化に伴った経済のグローバル化で、会社のグローバル化も進みつつあります。❷グローバル化企業は、生産コストを下げるために人件費の安い東南アジア諸国へ生産拠点を移したり、外国籍の社員を雇ったり、それぞれの国の文化や商慣習に合わせたビジネス展開を行い、海外事業の現地化戦略を求めることで、会社利益の最大化を目指しています。

2　リスクマネジメンと危機管理

【用語説明】

◇　リスクマネジメント　　将来、経営が危うくなる可能性に備えたリスク管理
　　（risk management）
◇　欠陥商品　　　　　　規格や仕様が基準を満たさず通常の形態であるべきことが欠けている商品
◇　貿易保険　　　　　　海外へ輸出不能や商品代金の回収不能に備えた保険
◇　海上保険　　　　　　海外向けに運送している間、特に海上での貨物損害を保証する保険

❶会社や組織は、経営活動を長く続けるためには将来起こりうるリスクに備えることが欠かせません。リスクが起こった場合、そのリスクをいかに最小限に食い止めるのか、その対策を常に備えなければなりません。その対策は、欠かせない経営管理手法の一つとして「リスクマネジメント」といいます。

❷「ネット炎上」とは、インターネット上において、大量のアクセスやコメントが集中することをいいます。

❸危機管理
（crisis management）はリスクマネジメントと異なって、まだ起きてないことではなく、すでに起きた事態に対する対応のことです。

　最近、ニュースで❶リスクマネジメントという言葉をよく耳にします。例えば、欠陥商品を流出した場合、クレーム対応や回収方法をマニュアル化したり、対応するための部署や責任者を事前に配置しておいたりするのは、リスクマネジメントの一環です。また、製品を海外へ輸出する時、火災、地震、津波、取引相手の倒産など様々なリスクを想定して、貿易保険や海上保険をかけておくことも同じくリスクマネジメントによるものです。

　しかし、リスクマネジメントはまだトラブルが起きていないことへの備えですが、すでに起きてしまった事態にはどうしたらいいでしょうか。会社は事業活動をしている限り、あらゆるリスクが伴います。社内で起きる火災、爆発、事故や津波、地震、台風などの自然災害、または顧客情報の流出や、❷ネット炎上など様々なリスクが潜んでいます。いざトラブルが起きる時、早急に対策を取らなければなりません。慌てて誤った対応をしたら、事態がさらに悪化して、会社が倒産に追い込まれることもあります。それを回避するため、起きる可能性がある危機に対して事前対策及び事後対策を含めて、あらかじめ❸危機管理の計画を立てることが必要不可欠です。

　特にSNSが盛んでいる今日において、万一「ネット炎上」が起きた場合は、会社のイメージが低下して、経営に大きなダメージを与える可能性があります。そのダメージを最小限に抑えるかが大切です。専門的な知識と経験が不足していれば、対応が非常に困難です。様々な原因によって炎上したケースがありますが、原因別によって対策が異なるため、専門家に相談して適切な対策を考えておく必要があります。

3 少子高齢化と会社

【用語説明】

◇　少子高齢化　　子供の人口が少なくなり、年寄りが増えつつあること
◇　非婚化　　　　生涯にかけて結婚しない人が増えつつあること
◇　晩婚化　　　　若い世代の社会活動が活発となり、結婚年齢が高くなる傾向
◇　売り手市場　　ある市場で、製品や人手などを売る側が強い状況
◇　業績　　　　　会社が事業を行った業務成果

❶2018年の統計によれば、日本人の平均寿命は男性81.25歳、女性87.32歳で過去最高を更新しました。

❷年功序列とは、勤続年数や年齢によって、職場での地位や賃金が決まる人事制度のことです。

❸終身雇用とは、正規に採用した労働者に対して、定年までの長期雇用の関係維持を前提とした雇用形態のことです。

近頃、日本社会では元気よく熱心に働いている年配の方が増えています。実は、今日の日本は❶高齢化社会が進んでおり、65歳以上の高齢者が人口の約4分の1に達しています。今後、総人口が減少する中で高齢化がさらに進展して、2060年には5人に2人が65歳以上の高齢者になると予測されています。2018年に生まれた子どもの数は91万8,397人で過去最低を更新しました。3年連続で100万人を割り、少子化も深刻な社会問題となっています。

なぜ少子高齢化社会になったのか、その要因はいくつかあると考えられます。その中でも、健全な社会保障制度、医療技術の向上などにより日本人の平均寿命が長くなったこと、また非婚化や晩婚化、結婚している女性の出生率が低下していることが主な要因だと考えられています。少子高齢化社会は高度成長期と異なり、日本の会社に大きな影響を及ぼしています。経済高度成長期から出来上がった日本の会社発展を支えてきた人事体系は、❷年功序列と❸終身雇用で、勤務年数が長いほど給与が高くなるというシンプルな制度でした。40歳くらいまでは業務成果よりも安い賃金体制ですが、年齢が高くなると成果よりも高い賃金をもらえるというものでした。しかし、日本は少子化が進み、若い社員が減少しています。また、「自分の好きな仕事をしたい」と考え、正社員ではなく、あえて非正規社員を選ぶ若者も増えてきました。会社は労働の売り手市場で、人材が不足している中、数少ない社員で効率的に働き、業績をアップすることが求められています。安定的な経営を維持し、さらなる会社の発展のためにどうすべきか、会社は大きな課題を抱えています。

～Memo～

【練習問題】

1 経済のブロック化とは何かを説明しなさい。

2 リスクマネジメントと危機管理の相違点について述べなさい。

3 少子高齢化が会社経営に与える影響を説明しなさい。

竹林鎮の民居

第5章

会社の設立と解散

☞ 仕事ってなに？

☞ 会社はどうやってつくるの？

☞ 会社事業はどうやってやめるの？

会社の設立と解散

第1節　仕事とは

1　仕事と目標

【用語説明】

♣	給料	働いたことに対して決められた代価
♣	構成員	同じグループや組織の中にいる人（メンバー）
♣	目標	事業活動を通じて到達しようとする行動指標
♣	目標達成	目指している目標に到達すること
♣	目標管理	個人や組織が目指すべき目標にいかに到達できるかを調整・管理すること

❶「働く」というのは、単に儲けや収入を得ることだけではないです。人々は仕事を通じて、自己成長ができ、会社内、社会全体に貢献することができます。

❷「やりがい」というのは何かをやった時に感じる達成感のことです。日々行っている仕事には、その「やりがい」があればさらに頑張り、楽しくすることができます。

　もし、❶働くことを単に給料をもらうためだと思うなら、それは悲しいことです。なぜなら、それだけでは仕事に対する魅力を感じることができず、金銭的な評価だけでは本当の幸せは得られないからです。仕事に❷やりがいを感じることこそ、自分自身も会社も成長・発展します。仕事に慣れていき自分の実力を発揮できるようになれば、やりがいが感じられるようになるでしょう。そうなると周りから褒められたり、認められたりすることによって構成員との連帯感が生まれます。

　仕事とは、自分がやるべき業務を行なうことであり、1人1人の仕事の成果が組織全体の目標・目的を達成することにつながります。これらは組織全体でその認識を共有する必要があります。また、仕事での目標は現実性のある具体的な計画がベースとなっています。曖昧な目標設定は「絵に描いた餅」にしかなりません。

　目標とは、100％という仕事全体の計画であり、目標があるからこそ、しっかりと始めることができます。目標に向けた「何となく 100、何とか 100」では業務が中途半端になります。仕事が終わると定めた目標が達成できたか、成果を巡っての評価が欠かせません。目標達成は、決まった期間においての成功を意味します。成功の裏には「ラッキー（lucky）」という「運」があったかもしれません。しかし、成功したのは運だけではなく目標管理が十分に行われていたからでしょう。つまり、仕事を成功するためには目標管理を充実するための具体的な計画や工夫が必要なのです。

2 仕事と計画の必要性

【用語説明】

♣ 計画　　　　　　今後のことを予測して時期、方法、目的に対するプロセスを明確に示すこと

♣ 計画作成　　　　今後の活動計画についての日程の表や案を作ること

♣ 資源　　　　　　会社の経営成果を高めるために必要な財産

♣ 危機管理　　　　会社の破産・破綻を事前に防ぎ、健全な経営を保たせること

♣ ロードマップ　　目標に至るまでの業務方法をプロセスとして表した総合的な計画
　（road map）

❶「会社の資源」は経営の資源と同様の意味で使われています。この資源は一般的に「ヒト、モノ、カネ、情報」のことを指します。

❷中長期計画は、仕事の計画を3年から5年程度に設定し、業務の成果を出すために立てた総合的な計画のことです。

❸業務を遂行するにはお金が必要です。予算編成とは、そのお金を使う目的、期間、実行者などを事前に作成するものです。

仕事はとにかく頑張ればできることではありません。仕事はよりよい結果を得るために行う計画作成から始まります。計画作成は空想や想像のレベルではなく、具体化したものです。計画は❶会社の資源の状況や環境分析（例えば、市場調査）から根拠のあるデータをもとに作成していきます。そして、その計画に基づいて行動に移し、仕事が計画通りに進められているのかを確認する必要があります。仕事が終わると、成果確認や評価を行い、問題点があれば改善します。計画は、PDCAサイクル、つまり、「Plan（計画）Do（実行）Check（評価）Action（改善）」を通じて事業成果を高める最初の段階です。

計画は、今はまだ分からない今後のことを予測するものです。予測した計画を実行するには、仕事の内容を分かりやすく記載する必要があります。さらに立てた計画は構成員同士で共有することにより、失敗を事前に防ぎ、リスクを乗り越える危機管理ができます。しかし、危機意識の方向が間違えると恐怖心を生み出し、業務遂行に対して消極的になりがちです。

計画作成の手順は、「今、自分にとって何ができるか」という、現状把握から始まります。そのため、目標設定やロードマップの作成が欠かせません。知らない道を歩くとき、地図（マップ）があれば安心できるのと同じです。ロードマップは現在と将来、達成すべき結果は何かを定めているものです。また計画を実行するためには期間の設定が必要です。❷中長期計画には、より具体化のために目標数値が示されています。その数値は評価への基準となるため、仕事の達成率が明確化になります。会社は、これらの計画に基づいて❸予算編成を行っているのです。

3 仕事の基本である「報告・連絡・相談」

【用語説明】	
♣　意思疎通	お互いの考えや意志について話し合いができること
♣　報告	上司や関係者に仕事の経過や結果を知らせること
♣　連絡	自分の考えや現状を相手に知らせること
♣　相談	問題点や悩みの解決のために話し合い、人の意見を聞くこと
♣　ホウレンソウ	「報告（ホウ）・連絡（レン）・相談（ソウ）」のこと

❶仕事の成果をあげるには、関係者との相互協力が必要です。そのためには構成員との円滑なコミュニケーション（意思疎通）が重要です。

　社内では上司や同僚からの仕事の内容を聞き、きちんと理解してから仕事を行わなければなりません。関係者と❶意思疎通を図り、組織の中で成果をあげるためには「報告・連絡・相談（言わば、ホウレンソウ）」が大切です。

　報告とは、仕事の進行状況や結果を知らせることです。仕事上、必要なことは必ず報告しなければならず、時には、上司にアドバイスを求めることも重要です。報告することで、関係者との情報共有ができるだけではなく、自分自身の仕事がどうなったのか自己反省ができるので、自己啓発や自己発展のためにもなります。報告の流れは部下から上司へ、後輩から先輩へ、下位者から上位者へというのが基本です。

❷会社の場合、ホウレンソウの基本は、部下が上司に状況を知らせる「報告」から始まります。また、相談の際は、上司からの指示内容、アドバイス、アイディアなどを活かすことが大切です。メモや箇条書きで要点を簡単に書く習慣を身につけて報告すべき内容が漏れないようにするとよいでしょう。

　連絡とは、簡単な情報や出来事を関係者に知らせることです。仕事上での連絡には、スケジュール通りの進行状況や予定変更など、必ず伝えなければならないことです。報告とは違い、上下問わず、関係者の誰もが発信者であり、受信者でもあります。

　相談は、問題点や分からないことを解決するための話し合いであり、意見を聞いたり、困っている人の話を聞いたりすることです。このように相談の目的は、問題点や悩みについての解決策を求めることです。問題点が大きくならないうちに、早期解決が必要であるため、早めに相談することが重要です。

　「❷ホウレンソウ」を行なうことによって関係者からの信頼性が得られると共に自分の成長にも繋がります。その理由は、「ⓐ的確な指示を受け取ることで適切な行動をとることができる。ⓑ自分の判断の適切性がわかる。ⓒコミュニケーションの円滑化によって構成員との結束力が高まる。ⓓいいアイディアが得られたり、ミスを未然に防いだりすることができる。」ためです。

~Memo~

【練習問題】

1　仕事の目標達成のために、「成功と運」はどのような関連性があるか説明しなさい。

2　仕事を行う際の計画作成の必要性について説明しなさい。

3　「ホウレンソウ」の重要性と理由について述べなさい。

第2節　会社の設立
1 会社設立に伴う戦略策定

【用語説明】	
♣　会社の設立	会社を新たにつくること
♣　起業	独立組織としての開業や創業ではなく、事業を新しく起こすこと
♣　LLP	「有限責任事業組合」という事業体（Limited Liability Partnership）
♣　取締役会	理事クラスの人々が集まって業務執行方法をめぐっての意思決定機関
♣　監査役	団体や組織の業務状況を監督・調査する役職

❶LLP は組合契約をベースにして形成された企業組織です。すべてのパートナーへの責任は限られているという特徴があります。

❷新会社法では、株式会社は、従来、取締役会で限定された議決が株主総会でも決めるようになりました。

❸ここでの内部環境とは、自社の経営資源、つまり、自社のヒト、モノ、カネ、IT などのことです。それから、外部環境とは、自社を巡っての競合社状況、市場事情、顧客ニーズ、協力会社との関連性などの社外環境のことです。

　会社の設立は 2006 年に施行された「新会社法」に準じて進めることができます。この新会社法は、次のような特徴があります。

　まず、有限会社の設立が廃止になり、条文がカタカナからひらがなになりました。次に、従来と比べて会社の手続き、設立、起業が容易になりました。そして、M&A（合併と買収）の方法が柔軟になりました。また、合同会社、❶LLP、会計参与が新たに設けられました。

　さらに、新会社法では、従来まであった「株式会社の取締役は 3 人以上で、その集会は 3 ヶ月に 1 回開催」という規定もなくなりました。新会社法では、取締役が 1 人でも構成要件として認められるが、1 人なら集会の意味がないです。そのため、上場企業を除いて❷取締役会の設置規定もなくなりました。そして、取締役会を設けてない中小会社は、監査役の設置義務がなくなりました。そのため、資本金負担の軽減とともに、少人数でも株式会社としての設立・創業がスムーズになったのです。

　しかし、会社の安易な設立は経営失敗のもとになります。会社設立の際は、自社を巡っての❸内部環境と外部環境における客観的な分析に基づいた長期的事業計画や戦略が欠かせない。また、設立後も事業目標を向けての中長期の具体的な事業計画、維持・管理方法、利益創出方法、リスク管理とその対応策などを備える必要があります。つまり、会社設立は、このような計画や目標、分析のもとで、適切な戦略を立ててから行うべきです。

2 株式会社設立のメリットとデメリット

【用語説明】

♣	出資	資本としてのお金や物品を会社や他の営利法人に投じること
♣	融資	資金を融通することで、他に出す融通資金のこと
♣	廃業	事業や企業活動を止めること
♣	清算	会社が廃業になり、会社に残されている財産などを整理すること

❶「個人事業主」と
は、会社という組織体
を作らず個人で事業を
行うことで、自営業
者、個人事業者ともい
います。

❷「給与所得控除」と
は、社員個人の所得税
や住民税を算定すると
き、給与収入から差し
引く控除のことです。

　一般に個人の年間所得が約 600 万円以上であれば、❶個人事業
主より会社を設立した方がいいと言われています。その際のメリッ
トとデメリットについて十分に理解したうえで、決める必要が
あります。

　会社設立のメリットは以下のようなことがあります。

　１番目は、個人と会社との区分が明確にでき、組織である会社
は個人より対外的信用力が高いため、事業上の新規開拓を始め、
あらゆる商取引がやりやすくなります。２番目は、会社の業種や
実績、将来性などが信用への判断材料になるため、事業資金確保
としての出資や融資を受けやすくなります。３番目は、設立者が
出資金以上の責任を負う必要はありません（有限責任）。４番目は、
❷給与所得控除、生命保険料、旅費規程活用などを活かして税金優
遇制度を幅広く活用でき、節税対策に繋がります。特に、社員の場
合は個人事業主と違い、この給与所得控除が活用でき、節税対策
になります。

　会社設立のデメリットには次のようなことが考えられます。

　１番目は、会社設立のための手間と費用がかなりかかるうえで、
様々な保険に加入する必要があります。２番目は、法人であるた
め、決算で赤字になっても住民税などの税金を払う必要がありま
す。３番目は、煩雑な決算書の作成をしなければならないことで、
会計や税務などの専門知識が必要となります。４番目は、廃業の
際、清算手続きが必要となるため少なからぬ諸費用や手間が発生
します。

【用語説明】

♣	登記	権利、財産、身分などの事実関係を公的書類に記載すること
♣	発起人	会社設立の際、手続きを行う人で会社の中心メンバーのこと
♣	商号	営業上、自社を表示するために使う名称で会社名のこと
♣	株式譲渡	株主としての権利を他人に渡すこと
♣	認証	合法的な手続きに基づいて行われたことを証明すること

❶印鑑証明書とは、ある印鑑が役所に登録されていることを証明する書類のことです。つまり、第三者に自分が押している印鑑は確かに自分自身のものだと、公的機関が認めたことを意味します。

　会社は重要な権利や義務を明確にして円滑な取引を行うために法律によって、登記をすることになっています。その登記は主に公証役場で行います。公証役場とは、主に公正文書の作成、私文書の認証、確定日付の付与などを行っている役所のことです。公証役場は法務局の管轄として各地域にあります。その登記は一般的に次のような手順で行います。

　1番目は、株式会社を設立する際、個人事業主とは異なり、発起人を立てることから始まります。そして発起人は❶印鑑証明書の取得、商号の確認、法人実印などの事前準備が必要です。

　2番目は、発起人は会社の絶対的記載事項（商号・社名、事業目的、所在地、決算期間、資本金、出資者、株式譲渡制限の有無、役員構成など）を決めます。

　3番目は、上記の「絶対的記載事項」に基づいて「定款」を作成します。定款というのは、会社運営に必要な取り決めや基本ルールを記したものです。

　4番目は、発起人は公証役場で公証人の「認証」を受け取ります。

　5番目は、発起人・出資者は出資金を指定の金融機関に振り込みます。

　6番目は、取締役を決め、登記申請書を作成します。

　7番目は、会社設立のための登記申請は管轄の法務局で行います。登記が完了したら、税務署や社会保険事務所で法人設立のために必要な手続きを行います。

~Memo~

_____

_____

_____

_____

_____

_____

_____

_____

_____

_____

_____

【練習問題】

1 新会社法によって、会社設立の手続きや方法がどのように変わったのか説明しなさい。

2 事業を行う際、個人事業主と比べて、会社設立によるメリットとデメリットについて述べなさい。

3 会社設立の際に決めなければならない、絶対的記載事項の項目を挙げなさい。

第3節　会社の解散・廃業と更生
1　株式会社の解散

【用語説明】

- ♣ 休業　　　会社の一部や全体の事業を一時的にやめること
- ♣ 廃業　　　会社の一部や全体の事業を完全にやめること
- ♣ 解散　　　倒産と異なり、一般に経営者の判断で企業経営をやめること
- ♣ 総会　　　株主による会社の重要な指針や決定事項などを決める会議集合体
- ♣ 清算　　　会社の財産状況などを調査して、会社の債権や債務を整理すること
- ♣ 破産管財人　財産の管理及び処分ができる権利をもっている人

❶事業をやめ、法人格をなくすという意味では、解散以外にも廃業、倒産があります。解散、廃業は自主的にやめることで、倒産は強制的にやめなければならないことです。

❷会社清算の続きとしては、業務の完了、債権の取り立て、債務の弁済、財産・残余財産の処分などがあります。

　会社は資産状況や経営状況が健全であるにもかかわらず、やむを得ず、**休業**あるいは**廃業**する場合があります。中小企業庁によると、日本における廃業の理由は「経営者の高齢化、健康（体力・気力）の問題」が最も多く、次に多いのが「事業の先行不安」となっています。

　会社の解散には廃業だけではなく倒産もあります。倒産とは、支払うべき債務義務が果たせなくなり、事業活動の継続が不可能になることです。そのことから、会社の解散理由は、上記の廃業理由と「経営状態の不健全、経営改善の不透明、行政機関による強制廃業など」の倒産理由も含まれています。また、解散には任意解散と強制解散があります。前者は総会での議決による解散、存続期間の満了、解散事由の発生、合併などによるものです。後者は休眠会社とみなし、破産手続きの開始、解散の判決などによるものです。

　株式会社の❶**解散**は定款に定められています。「存続期間の満了、解散理由の発生、株主総会での解散議決」などによる解散は、2週間以内に解散の手続きをしなければなりません。また、会社の解散方法は❷**清算**による場合もあります。倒産の場合は債権者の利権を守るために破産管財人に委ねられ、不適切な財産配分にならないようにしています。

2 会社の清算

【用語説明】

♣ 残余財産　　　会社清算の手続きをして債権者の取り分を除いて残った財産
♣ 債権者　　　　特定人（債務者）に支払いの請求ができる権限を持っている人
♣ 債務の返済　　返すべきお金や物を相手に戻すこと
♣ 債務額　　　　特定人（債務者）が債権者に支払い義務がある金額

❶ここでの残余財産とは、会社の借金や負債を返すために会社の資産を全部売却し、この売却額が負債額を上回る財産のことです。

会社は、会社環境の変化や経営失敗などにより、やむを得ず、会社の運営ができなくなる場合があります。そうなると、会社は倒産、あるいは廃業へのルールに基づき、手続きに入ります。

同様に、会社の再建あるいは清算の場合でも会社設立と同様に必要な手続きをしなければなりません。特に、清算の場合は裁判所が認めた破産管財人の指示に従い、倒産会社の❶残余財産をすべて処分・整理し、現金化します。その後、債権者にそれぞれの債権額が適切になるように配分されます。もし、債務の返済が済んでも残余財産があれば、株主に分配します。一般に、倒産した会社には債務額が債権額を上回るので、株主への残余財産は回ってきません。その場合、株主は会社が倒産すると投資金などの幾分の損をします。オーナーであれば、全ての責任を負う必要があると思いますが。実は、オーナーだとはいえ、株主としてのそれ以上の責任は負う必要はないのです。これはルールで決められていることです。

❷「未払賃金立替払制度」とは、倒産した会社が従業員に賃金を払わないまで退職せざるを得ない場合、その未払い賃金の一部を国が会社の代わりに払う制度のことです。

そして、倒産した会社であっても給料の支払いは他の債務より優先的に処理しなければなりません。もし、倒産後の会社に給料を支払える余裕がなければ、国が一部を倒産した会社の代わりに払う制度があります。これを❷未払賃金立替払制度といいます。

会社の経営者は、社員は自分や家族の生計を担っているため、自社が倒産になった際、まず社員のことを考え、処遇を検討していく必要があります。

3　会社の再建

❶2000 年に施行された「民事再生法」は倒産法の一つで、経済的な窮境にある事業や豊かな経済生活に戻らせるための法律です。この法律を利用できる債務者の制限はなく、会社はもちろん、個人でも利用できます。

　会社の倒産というのは、会社がつぶれ、事業を続けられないことです。倒産の危機を乗り越え、会社を再建するためには様々な方法があります。会社を蘇らせるために支援する法律は、主に会社更生法と❶民事再生法があります。

　また、会社の再建手法には、法的再生と私的再生があります。前者は民事再生法、会社更生法など法律的な手段によるものです。民事再生法の場合は、適用申請をすれば債権者にとって公平な再建手続きができます。しかし、裁判所に持ち込んだことで、「既に破綻している」という誤解が生まれ、信用不安が広がりやすくなるデメリットもあります。

　このような問題点があるため、多くの場合は私的再生を選択し、再生を試みます。この方法は内々に債権額の削減や放棄などの次善策に取り組むことです。結果として私的再生は、債権者と債務者との相互譲歩が得られ、法的再生よりも相互へのメリットがあります。

　創業以来、長い期間、経営状態が安泰で、落ち着いている企業でも、今後も安泰となる保証はどこにもないです。経営手腕とは別に、会社環境が厳しくなると、経営危機が訪れてきます。自社の経営状態が廃業寸前になったとしても、上手に乗り越えるためには経営者が日ごろから対策を立ててリスクマネジメントの体制構築が重要です。

~Memo~

【練習問題】

1 任意解散と強制解散との違いを説明しなさい

2 会社の清算を行う際の必要な続きについて述べなさい

3 会社の再建手法として、法的再生と私的再生との違いを説明しなさい

石洞溝村の民宅

第6章

会社の発展構造

☞ なぜ会社には理念や戦略が必要なの？

☞ 会社の財産や経営権はどうやって守るの？

☞ 会社の不祥事はどうやって防ぐの？

会社の発展構造

第1節　経営資源の確保と経営理念

1 会社に欠かせない経営資源

【用語説明】

- ♥ 資源　　会社の事業活動になくてはならない人や材料
- ♥ ノウハウ　事業活動に必要な実用・専門的知識、技法・技術、経験などのこと
  （know-how）
- ♥ 知的財産　発明や考案のように人の思考的・創造的活動による財産（著作権、工業所有権）
- ♥ 無形資産　技術、特許権、商標権、著作権などのように実態がみえない資産

❶経営資源とは、企業を維持・発展させるために必要不可欠な資産の総称です。一般に、経営資源には、有形の資産として「ヒト、モノ、カネ」、無形の資産として「技術、情報」があります。

❷マーケティングとは、消費者に財やサービスを効率的に提供するための経営活動のことです。

　会社の維持発展には様々な要素や能力が必要で、これらを❶経営資源といいます。経営資源にはヒト、モノ、カネ、情報などがあります。会社の発展のためには良質な経営資源をいかに投入・活用するかが重要です。

　経営資源としての「ヒト」とは、人間そのものではなく人材、事業に役に立つ人的資源のことです。人を資源としてみなし、人間が持っている有効な仕事の能力のことを指します。例えば、社員が行う営業、❷マーケティング(marketing)などの様々な能力が経営資源なのです。

　経営資源としての「モノ」は、物的資源のことです。モノには会社が持っている商品や製品を作るための原料・部品、機械設備、建物や店舗、倉庫や工場、知的資産（例えば、特許、ブランド）などがあります。

　経営資源としての「カネ」は、モノを買ったり、ヒトを雇って給料を払ったりするための財務的資源のことです。つまり、カネは企業活動のための資金力や資金調達力のことです。カネには現金や預貯金、債権、有価証券や不動産などがあります。

　経営資源としての「情報」とは、無形資産として会社に蓄積され、利用可能な情報的資源のことです。顧客データや新商品開発データ、ノウハウ、技術情報などがあります。近年では、ヒト、モノ、カネと同様に情報の重要性が高まっています。会社にとっては正確な情報を適時・適切に活用し、重要な情報が外部に漏れないように的確に管理するという大切な時期を迎えています。

2 人材確保としての新たな雇用制度

【用語説明】

- ♥ 終身雇用　　　会社が採用した正社員を定年まで雇うことを原則とする人事制度
- ♥ 年功序列　　　会社内で勤続年数や年齢によって役職や賃金を決める人事制度
- ♥ 企業内組合　　企業別の従業員によって組織されている労働組合
- ♥ 帰属意識　　　会社に所属し、会社組織に従おうとする考え
- ♥ 付加価値　　　財やサービスの生産過程で新しく付け加えられた価値

❶高度経済成長期とは、1955年から1973年までの年平均経済成長率が10%以上であった18年間のことを言います。

高度成長の背景には、①技術革新と設備投資の拡大により大量生産体制が揃え、生産性が向上したこと、②工業化に伴い良質な労働力確保ができたこと、③内需が拡大したことなどがあります。

経営資源の中で最も重要なのは「ヒト」です。これは優秀な人材確保が会社発展に欠かせないことを意味します。そのため、かつての日本の多くの大企業では「終身雇用、年功序列、企業内組合」という自社での長期雇用を前提とした雇用慣行がありました。この雇用慣行を日本的経営といいます。この日本的経営が誕生したきっかけは、❶高度経済成長期や成長を続けていきたい大企業の事業環境にありました。経済成長期の会社は大量の労働力確保が必要で、それを実現するために、この日本的経営という人事制度が生まれました。

この制度によって、従業員の勤続年数が長くなるにつれて企業への帰属意識とモチベーションを高めることができ、社内に優れた技術蓄積ができました。従業員からみると、終身雇用制度により長期雇用が保証され、「年功序列」により年月とともに昇進や給与上昇が保証されました。これらの人事制度のもとで、従業員は会社に対する忠誠心が強くなり、勤勉な労働環境を作り上げました。そのような流れで、人材としてのヒトを大事にする人事制度としての日本的経営が出来上がりました。

今日では、経済成長が鈍化し、付加価値や情報が重要視される時代になっています。そのため、年功序列で大事にされた経験とは比例しない専門能力が重要な時代になりました。さらに経営活動のグローバル化に伴った急激な市場変化は日本的経営を見直すことになったのです。会社は非正規雇用を増やした雇用形態の多様化で、過剰雇用によるコスト削減を図っています。一方では、新しい市場環境に対応できる優秀な人材をいかに確保するかが課題です。

3 事業活動の方針となる経営理念

【用語説明】	
♥ 理念	経営活動として目指すべき基本的な考え方
♥ パラダイム（paradigm）	ある時代や分野における模範的な考え方
♥ 社是	会社の経営上で正しい（是）とする方針や社訓
♥ 社風	会社の持っているスタイル、雰囲気、共有の行動様式
♥ 企業文化	会社の構成員同士が共有している行動の規範や常識、価値観

❶会社は、時代の流れや業界の変化により新しいパラダイムを受け入れる必要があります。従来の経営資源によるパラダイムだけでは競争力向上に繋がりません。そのため、会社は新しい発想やアイディアを活かして柔軟に対応していかないと持続的な発展ができません。

多くの会社は、自社独自の理念をもっています。

理念の役割はその会社における事業活動への信念や根本にかかわるため重要視されています。その理由は、「まず会社が社会に与える影響が大きいこと、次に会社環境がグローバル化していること、従来のような家族中心の経営に限界がきていること、技術革新により新しい❶経営パラダイムが必要であること」などのためです。

経営理念は会社の経営者がどのような企業活動を行なうか、そのスタイルをいかに決めるかという基本思想です。経営理念は創業者やトップ経営者の考え方、信念でもあります。経営理念には、企業の目的は何か、何のために経営を行うのか、どのような企業を目指していくのかという目的と目標、指針を具体的に示す必要があります。

そして、経営理念はメンバーの行動指針でもあります。ひいては会社の理念を全社員と共有しておくことで、全員が一つになり、一緒に頑張るようになるきっかけにもなります。

経営理念は会社によって様々ですが、社是、社訓、綱領、指針、社歌などに現れています。会社の目的が利益追及とはいえ、経営理念に沿った社会にやさしい行動（いわゆる、社会貢献）が必要です。会社は経営理念を掲げることで、自社経営の哲学や指針が出来上がり、社風、企業文化、価値観、信念、行動基準などが自ずと形成されていくのです。

~Memo~

【練習問題】

1 会社の経営資源である「ヒト、モノ、カネ、情報」の意味について述べなさい。

2 日本的経営である「終身雇用、年功序列、企業内組合」のそれぞれについて説明しなさい。

3 経営理念とは何かを述べたうえで、その目的について説明しなさい。

第2節　会社の財産と経営権確保

1　様々な会社資産

❶有価証券とは、国債、社債、株券、投資信託などのように財産的価値がある証書や証券のことです。

❷投資信託とは、多くの一般投資家から導入した資金を専門機関が運営（例えば、株や債権に投資）する金融商品のことです。投資機関は、一般投資家からの資金を運営し、その投資額や運営成果に応じて配分します。

　会社は事業運営のために、数多くの様々な形態の財産を持っています。会社は自社の財産がなくなると活発的な事業運営が困難になります。そのため、会社は保険などを活用し、万が一の財産紛失（例えば、災害や盗難など）に備えています。財産には**流動資産**（例えば、現金、❶有価証券、原材料）と**固定資産**（例えば、土地、建物）があります。

　また、財産分類の仕方によっては有形財産と無形財産に分けることもできます。

　有形財産とは、物理的にが目で見える資産として、現金、預金、債権、❷投資信託、不動産（例えば、土地、建物、店舗、工場）などの資産価値を数字で評価したものです。有形財産は、急激に増えたり、減ったりする傾向があります。ちなみに、不動産とは土地とその定着物のことです。一方の不動産と対比される動産とは、商品や現金のように移転できる財産のことです。

　無形財産とは、形が目で見えない資産として、具体的数字では簡単に計れない財産です。無形資産には、信用、**ブランド力**、評判・**知名度**、ノウハウ（ know‐how ）・技術、特許、**著作権**、営業力、人的資源の価値などがあります。無形財産は一般に徐々に積み上げていくものです。

　無形財産と有形財産が多ければ多いほど会社の価値は高まります。しかし、返済義務のある借入金、社債などの負債額が多くなればなるほど会社の価値は下がります。

2 経営権維持策としての株式持ち合い

❶「株式持ち合い」とは、会社が相互の株式を大量に購入することです。株式持ち合いの目的は、経営権の維持・獲得し、安定性のある株主形成、企業の集団化、関連会社との結束力強化、会社間取引の強化、敵対的買収の防止などにあります。

❷株式持ち合いによる損得は株価上下に大きく左右されます。そのため、高度経済成長期や好景気には株価上昇によるメリットが目立ち、不景気の時は株価下落によるデメリットが目立ちます。

　世の中には十分なお金さえあれば、新しい事業活動ができる人や会社があります。お金を十分に持っていれば、そのお金の活用方法を探す人や会社があります。お金の活用方法の１つが事業の資金として、適切な会社に投資することです。その典型が株式です。会社が儲ければ株式を持っている投資者（いわゆる、株主）は会社の利益を分配してもらいます。投資において、最近は個人株主や個人の資金を集め、彼らの代わりに財産を運営する機関投資家が多いです。

　高度経済成長期の多くの大企業は取引会社や関連会社に資本参加をしました。その目的は、相互の安定的な経営体制を構築するためでした。いわゆる、相互の会社に出資して株主になる、つまり❶株式持ち合いが目立ちました。株式持ち合いの背景には、資金調達が必要な会社側の思惑と成長企業と提携したい銀行側の思惑がありました。また、会社が安定的な原料や部品の調達をしたり販売網を構築したりするという思惑もありました。さらに、自社が他社の資金による経営権剥奪を回避するためというねらいもありました。

　結果的に、銀行は大企業の株主になり、大企業との金融取引を拡大してきました。その後、1990年代になると、長期間にわたり、会社の業績低迷が続き、多くの企業の株価が下落しました。株価下落により❷株式持合いのデメリットが浮き彫りになり、銀行は会社との持ち合い関係から離れるようになりました。今は多くの会社が持ち合い株を売却した資金で自社発展の資金源として活用しています。

3 　経営実態の透明性と牽制

【用語説明】

♥	ステークホルダー （stakeholder）	会社活動の結果に左右され、利害関係がある者（利害関係者）
♥	粉飾決算	事業の成果収支を故意に過大か過小に記した不正な決算書
♥	アカウンタビリティー （accountability）	会計上の債務として、利害関係者が負う責任

❶コーポレート・ガバナンス（corporate governance）とは「企業統治」のことで、ステークホルダーによって企業を統治、監視することです。

❷モラルハザード（moral hazard）とは、倫理・道徳・責任が欠如した状態で、不適切な利益を求めることです。例えば、会社が倒産しそうにして、銀行が自社の債権をあきらめさせ、故意に相手に損害を与えることがモラルハザードです。

　株式会社では株主が「実質的支配者」であり、経営者はステークホルダー（例えば、社員、株主、顧客）の代理人です。そのため、経営者はステークホルダーの利益を反映した事業を行う必要があります。経営者には経営のやり方がステークホルダーの利益に合致するかどうか分かりやすいように、透明性の高い経営を行なうことが求められています。また、会社経営が充実に行われ、不祥事を事前に防ぐために ❶コーポレート・ガバナンスが必要になります。

　日本の高度経済成長期には会社の成長が著しかったため、株主からの批判が少なかったです。そのため、経営者中心の経営ができました。つまり、会社は株主の意向を配慮せず、経営陣独自の意向によって運営されていました。この頃の経営方法では株主からの要望や牽制があまりないため、❷モラルハザード（moral hazard）が起きやすい構造でした。しかし、近頃は会社成長の鈍化とともに事業のグローバル化による外国人投資家が増えています。そこで、健全な経営になるように、コーポレート・ガバナンスの役割が需要な時代になりました。

　その理由は、業務執行者による法令違反や**粉飾決算**などの不祥事を未然に防ぐためです。また、社内だけでの監査機能には限界があるため、社外取締役や社外監査役の導入などによって外部からの牽制・監視機能を持たせました。このような機能を生かすためには、経営実態の透明性、適時で正しい情報開示、**アカウンタビリティー**保証制度などを整える必要があります。

~Memo~

【練習問題】

1 流動財産と固定財産、有形財産と無形財産において、それぞれの違いを説明しなさい。

2 高度経済成長期において、「株式持ち合い」が多くなった背景について述べなさい。

3 コーポレート・ガバナンスの役割について述べなさい。

第3節　会社の内部統制と社会的責任

1　会社の内部統制

【用語説明】

♥　SOX法　　法案提出者の連名法ともいわれ、内部統制を強めて不正な会計を事前に防ぐために制定されたアメリカの企業改革法（Sarbanes-Oxley act）

♥　上場会社　　自社の株式が株式市場である証券取引所で売買されている会社

♥　財務諸表　　損益計算書、貸借対照表のように、財政状態及び経営成績を明確にした決算書

❶「内部統制」とは、組織が常に健全な機能を果たすための基準を定めて、その基準に沿って管理や運営を促すことです。その方法をシステム化したため、会社は通常の仕事中でも内部統制ができるようになっています。

❷「金融商品取引法」の目的は、「有価証券流通を円滑、資本市場機能の十全な発揮による金融商品等の公正な価格形成等を図り、もつて国民経済の健全な発展及び投資者の保護に資すること」です（同法第1条）。

会社は、社内での評価や批判、そして、❶内部統制があってこそ、維持発展ができると考えられています。内部統制がきちんと機能しているかどうかをチェックすることを内部監督といいます。

前節で取り上げた「コーポレート・ガバナンス」は主に株主が業務執行者への監督による統制のことで、内部統制とは若干違います。

内部統制は、業務の有効性と効率性を高めるために、財務報告情報の信頼性確保、合法的な事業活動、正当な資産の取得・使用・処分を促します。内部統制の趣旨に添うようにするためには、システム化する必要があります。内部統制システムは、日常の業務中でも不正や不祥事を未然に防ぎ、仕事の流れや管理体制を構築し、さらにその体制自体の妥当性をチェックする働きがあります。

内部統制の根拠は❷金融商品取引法に盛り込まれています。これは、経営情報開示の正確性と信頼性を目指しているアメリカのSOX法がベースになっています。このように、内部統制はコーポレート・ガバナンスと同様に会社の不祥事を事前に防ぐことで重要な役割を果たします。金融商品取引法は2008年4月から実施され、上場会社は財務諸表情報の適正性を確保した内部統制報告書を内閣総理大臣に提出することになっています。

2 会社と国際規格 ISO

【用語説明】

♥	標準化	品質、大きさ、資材、仕様書などが一定の同じ規格に近づいていくこと
♥	証明機関	事柄、実態や状況が事実に基づいていることを公に認める組織
♥	情報セキュリティ	情報の機密性、完全性、可用性を確保すること
♥	リスクマネジメント （risk management）	リスクを管理することで、損失をなくすか、最小限に留めるための管理過程

❶非政府機関である国際標準化機構、通称 ISO（International Organization for Standardization）が認めたことです。

❷食品事業を主にしている会社の場合、「ISO22000」の認証は大きなメリットになります。自社のものが消費者やユーザーから安全・安心できるものだと認められたからです。結果的に、ISO 認定は、自社のブランド力向上に大きく貢献します。

　企業にとって経済活動のグローバル化による課題は国境を越えた売手と買手との相互の不安要素をいかに払拭するかです。海外と事業をするうえで製品や業務が国際的に標準化されていれば、海外との相互の不安要素が激減します。会社にとって自社の製品が一定の規格を満たしている前提で、運営・管理していることを世界的に認めてくれる証明機関があれば、非常に助かります。その中の一つが、「❶ISO 認証」です。

　ISO を取得した会社は、第三者からの信頼度が高まります。認証されることで、会社は次のようなメリットがあります。

　まず、自社の信頼性向上と自社製品への高い評価が期待できます。

　次に、情報セキュリティ、安全性など、自社のリスク・マネジメントが評価されます。さらに、自社は近隣住民へよい影響を与え、社会に対する責任を果たしているという証にもなります。

　実は、ISO 認定には次のようなものがあります。1 番目は「ISO9001」で、これは品質管理への取り組みが認められたことです。2 番目は、「ISO14001」で、自社の事業活動が環境にやさしい活動（例えば、CO_2排出制限）に取り組みをしているということです。3 番目は、「❷ISO22000」で、「自社が衛生的な管理や生産を通じて食品関連事業を行なっている」という証しとなります。そのため、消費者は自社製品を安心して飲食できるため、自社の売上増加に繋がります。つまり、ISO 認定を得たことは、客観的にみても自社が高く評価されたことを意味します。

3 会社の社会的責任（CSR）

❶会社は社会的責任（CSR）を果たすことと同時に、自社の持続的な発展を目指すことが重要です。

最近では、CSR から CSV（Creating shared value：共通価値の創造）も重要視しています。CSV では、社会への道徳的責任と利益創出を同時に重視することです。

　会社は利益を生み出し、儲けることがとても重要です。しかし、手段と方法を選ばず、とにかく儲かればいいわけではありません。会社は我々の社会に与える影響が大きいため、❶会社の社会的責任（Corporate Social Responsibility）が問われています。会社の社会的責任とは会社が社会に対して責任を果たし、会社市民として、会社と社会が共に生きていくための共存活動のことです。

　従来までの会社は安くていいものを大量に生産・提供できればいいと思っていました。このような思考は、持続的な利益を生み、会社経営の安泰と安定雇用ができるため、理想的経営だと思われました。しかし、利益最優先という企業活動は、「多少は環境に負担をかけても仕方がない」という安易な行動を生み出すきっかけになります。事業活動による生態系の破壊、大気汚染などは、結局、我々の暮らしや人間社会に悪影響をもたらします。

　社会的責任を求める具体的な規定や法律はありませんが、多くの会社は社会的責任を考えながら事業活動を行っています。社会的責任は単なる社会への貢献やボランティアによる自社満足ではありません。会社は社会への貢献や責任を果たすことにより、自社のイメージがよくなって自社のブランド向上に生かすこともできます。CSR を果たすことは自社の利益に反し、単なる犠牲を求めるものではなく、社会とともに生きて発展することです。

~Memo~

【練習問題】

1　内部統制の趣旨や目的について述べなさい

2　会社が「ISO認証」を取ることによって考えられるメリットについて説明しなさい。

3　CSRとは何かを説明したうえで、CSR活動による会社へのメリットについて述べなさい

第4節　競争力強化のための組織再編
1　目標設定と経営戦略

【用語説明】

♥　目標　　　　事業活動を通じて、到達・実現しようとする具体的な対象
♥　目標設定　　未来の望ましい状態である目標を前もって決めること
♥　作戦　　　　当面の事業をいかに行うべきかを工夫すること
♥　戦術　　　　目標に最も効果的に到達しようとするやり方や方法

❶何かを何とかしたいことは、目標ではなく、単なる抱負です。目標設定は達成したい最終目標を確認し、逆算して目標を書き出していくことで、そこには達成に至るまでの過程が細分化されています。まずは自分ができそうな低めの目標を立てるとよいでしょう。

個人や組織の発展のためには、❶目標設定が欠かせません。人は、目標があるとモチベーションが上がり、頑張るようになります。目標設定は、事業の達成・成功のためにいつまでに、何をするかという行動計画を具体的にしたものです。目標への成功可否は明確な目標設定から始まります。

会社には、経営目標があります。経営目標は、会社全体、あるいは経営組織別、事業形態別において、将来あるべき姿の青写真です。その青写真には、事業の定義と目的が具体的に示されています。会社では、一定の期間内に客観的な経営目標を定め、その目標が事業成果への評価につながります。

会社では経営目標と共に経営戦略も重要です。経営戦略は会社の基本目標を実現するため、事業活動をいかに行うかの羅針盤であり、事業活動の進め方としての方向や指標です。また、経営戦略は、経営目標に従った戦略展開を行うための計画（plan）、**作戦**（operation）、戦術（tactics）などにより具体的な方法を検討する必要があります。

❷職能別組織とは、職能や機能ごとに編成された組織のことです。

❸事業部制組織とは、事業単位で編成された組織のことです。

会社には、会社全体としての戦略はもちろん、組織別の戦略もあります。会社の組織形態には、❷職能別組織、❸事業部制組織、マトリックス組織などがあります。ちなみに、マトリックス組織とは、2つの異なる基準で組織を設置する形態として、職能別組織と事業部別組織を補完するものだといえます。また、職能別の戦略では、営業、総務、労務管理、生産、マーケティング、研究開発などの職能で分けて戦略策定が行われます。

2 合併による組織再編

【用語説明】
- 合併 複数の組織や会社が統合して１つになること
- 規模の効果 規模経済ともいわれ、生産量を増やすことで１つあたりの生産コストが下げる効果
- 吸収合併 ある会社が他の会社を消滅させて自社組織に入れる合併方法
- 新設合併 新たな会社を設立し、既存の会社を消滅させて新会社の傘下に入れる合併方法

❶規模を大きくすることで、１単位あたりのコストが下がり、効果や利益が上がる場合が多いです。これを「規模の経済（economy of scale）、スケールメリット」といいます。

❷合併方法の中で、「吸収合併」の場合は、消滅会社の資産や負債などの全てを存続会社が受け継ぐ方法です。よくあるM&A（Merger and acquisition：合併と買収）には、新しい事業への参入、組織の再編、経営資源の補充、経営不振企業の救済などの目的があります。

　同じ会社に同様な役割を果たしている組織が重複していると、非効率的になりがちです。１つにまとめることで、二度手間を防ぎ、費用や時間の節約ができます。このようなメリットを活かすため、会社では複数の組織を合併する場合があります。会社の組織再編方法の一種である合併には、買収する側の存続会社と売却によってなくなる消滅会社があります。

　存続会社のメリットは、買収資金が不要なことです。また、会社規模が拡大することによる規模の効果が生まれます。

　デメリットは、消滅会社の株主が加わるため、既存の経営方針の変更が強いられることがあります。また、合併の手続が煩雑で、消滅会社の負債や契約事項などの全ての責務を引き継がなければならないことです。

　消滅会社のメリットは、❶規模が拡大することで合併契約の際、自社の都合を盛り込むことにより、存続会社の経営陣になれることもできます。デメリットは、手続きが煩雑で、さらに、会社を売ったことで自社がなくなってしまうために、消滅会社の社員は不安を感じ、落ち着いて仕事ができなくなるということです。

　合併の方法には、❷吸収合併と新設合併の方法があります。そのうち、新設合併の方法は、両方の会社がともに消滅し、新しい会社を設立することです。この方法は、両方が対等な立場で進められるため、合併が円滑に進められるように見えるが、最初から新たな組織形成が必要となり、煩雑な手続きがあるため、あまり活用されてないのが現状です。

3 MBO による組織再編

❶MBO（Management Buyout）は一種のM＆Aです。MBOとは、ある事業の責任者やトップクラスの経営者が自社の一部の事業部門を自分のものとして引受け、経営権を買収し、既存の関連会社から独立した組織を立ち上げることです。

　仕事の内容によっては、自社が直接経営するより、人に任せた方が経営がよくできる場合があります。このような場合に取られる一策が❶MBO です。会社はグループ全体を効率よくまとめるため、一つの会社が全てを経営するのではなく子会社や事業の一部分を売却した方がいい場合があります。

　この場合、社外の人には売却せず、グループ内の経営陣や事業責任者が一部を請け負うことで経営を維持していくという方法です。

　MBO のメリットは、現在の経営陣が経営権を引き継ぐことができることにあります。そのため、従業員を解雇せず、経営方針もあまり変わらないため、従業員の不安や動揺が起こりにくく、MBO 事業が円滑に行われます。また、MBO によって親会社とは別の独自の経営方法で運用することができ、当該事業への責任感が高まります。他方では親企業は、売却によって得られた資金を他の事業に活かすことができます。

　MBO のデメリットは、グループから離れたことで、知名度の低下と業務の現存維持が困難になりがちです。また、新たな組織になったため、上場してないことになり、投資家からの資金調達が困難になり監視機能が低下する恐れがあります。

　外国資本による日本企業の経営権取得のための株式買収がしばしばあります。そのため、日本の会社は自社の株式を公開買い付けして金融機関から資金調達を行い、上場しない会社も多くみられます。それは、敵対的買収を避け、経営権を守るためです。

~Memo~

【練習問題】

1 経営目標設定の重要性について述べなさい。

2 合併による存続会社と消滅会社のそれぞれのメリットとデメリットについて述べなさい。

3 MBO のメリットとデメリットについて説明しなさい。

石洞溝村の入口

第7章

会社の財政状態の理解

☞ 財産と負債ってなに？

☞ なぜ会計基準を決めているの？

☞ なぜ決算が必要なの？

会社の財政状態の理解

第1節　総資本形成と財務諸表

1 活動資金源となる総資本

【用語説明】

- ♠ 投資家　　利益を得るために不動産、外国通貨、株式などに資金を投じる人
- ♠ 元金　　　事業を始めるために必要とする資金として入れる敷金
- ♠ 負債　　　他人から借りた借金のことで、返さなければならない経済的資源
- ♠ 社債　　　会社が事業資金を調達するために発行する債券
- ♠ 総資本　　借入金、社債額、株主出資金、資本金、自己資本などを合わせた資本

❶設備投資とは、会社が生産設備（例えば、機械）や営業支店などの建設に必要な資金を投資することです。一般に、設備投資は会社の事業活動が活発になっている時に増加します。

❷株主資本とは、自己資本とも言われ、株主が会社に納入した資本金のことです。また、株主資本から得た利益には、利益準備金や利益剰余金があります。

皆さんは学校生活を送る時、どれだけお金がかかると思いますか。必要なお金は学費だけではありません。生活費や学校に通う交通費など、何をするにしてもお金がかかります。その時、奨学金があれば、とても助かります。会社の活動も同じで様々な場面でお金が必要となります。そんな時、会社にお金を貸してくれる人、いわゆる投資家がいれば、非常に助かるのです。

会社は、事業活動を行うために資金が必要で、その資金のことを元金といいます。会社では活動費の元金のことを資本金といいます。この資本金は、❶設備投資、部品や原材料の購入、広告宣伝費、賃金支払いなど、事業運営のためのお金、つまり運転資金として使われます。会社は必要な活動資金を調達するために、出資してくれる人を募集します。この際、出資してくれるお金との引き換えの証として株式を発行します。このようにして調達されたお金は資本金となり、株主のものなので❷株主資本ともいいます。

また、株主資本とは違い、お金を借りて活動資金にする場合があります。これを会社では負債といいます。負債は銀行からの借入や、社債を発行して調達した資金のことです。

資本金には資本だけではなく負債も含まれています。事業を成功させるためには、資本金（資本＋負債）を上手に活かすことが大切です。まずは、資本と負債を増やして多くの総資本を確保します。次に、集められた総資本を活用して利益を創出します。そして、利益の一部を新たな資本として増やしていく必要があります。

2 総資産と資産価値の変化

【用語説明】

- ♠ 貨幣性資産　現金、あるいはすぐに現金化できる資産
- ♠ 費用性資産　商品や建物などが将来、費用とみなされて計上される資産。
- ♠ 経済的価値　投資された資本によって一定期間内で生み出される収益 (economic value)
- ♠ 総資産　　　会社が保有している経済的な価値がある全資産
- ♠ 評価　　　　事業活動に伴った実績や成果を判断すること

❶この区分方法は、会社の資本循環と関連しています。資本循環とは、投資家から受け取った資金をもとに事業を運営し、利益を加えて再び資金・資本として回すことです。

❷機械のような資産は、年月とともに、その値打ちが下がっていきます。会社では、年々価値が下がっていく資産に対する費用を減価償却費といいます。

　私たちが持っている財産といえば、家、自動車、預貯金、債券などがあります。会社も同じような財産があります。会社には、工場、自社ビルや土地、社用車、株券などがありますが、会社ではこれらを資産と呼びます。6章2節で取り上げたように、資産とは、個人や法人が所有している経済的価値があるものをいいます。資産の特徴は、将来予想される経済的価値や利益があり、かつ貨幣額として合理的に計算評価できるものです。

　既に取りあげたように、資産は「有形資産と無形資産、流動資産と固定資産」に分類して説明しました。

　これに加えて、「❶貨幣性資産と費用性資産」に区分することもできます。貨幣性資産には、現金、預金、売掛金、市場性のある有価証券などがあります。

　費用性資産には、在庫品、商品・製品、建物、備品（例えば、プリンター、社用車)、店舗、機械のような生産設備などがあります。

　資産は様々な形で分類されますが、全ての資産を合算したものを総資産といいます。これらの資産の価値評価はよく変動します。例えば、土地の場合は、土地の評価が上がると会社の資産価値が増加し、逆の場合は減少します。一方、機械のように年々、その価値が下がる資産もあります。そこで、資産評価の適正化のために、会社では❷減価償却費という費用の勘定科目を設けて必要経費として管理しています。ちなみに、機械のような資産は年月とともに、その値打ちが下がっていきます。会社では、このような資産に対する費用を減価償却費として備えています。

3　経営成果としての財務諸表

【用語説明】

- ♠ 財務諸表　　　　　　　　会社がステークホルダー（利害関係者）に公開するするために、一定期間の財務上の経営成果を記した計算書
- ♠ 決算書　　　　　　　　　会計期間の終わりに作成して損益情報を明確にした計算書類
- ♠ 貸借対照表　　　　　　　事業活動上の財産および損益の状況を明確にするための帳簿
- ♠ 損益計算書　　　　　　　一定期間内で発生した収益と損失を対比して作成した帳簿
- ♠ キャッシュ・フロー計算書　会計期間においての現金の流れを記した表

❶仕事の効率化のためには、それぞれの得意分野に分けて専念した方が効果的です。　会社の経営にも同様で、経営の効率化のために「所有と経営」を分けて、株主のような所有者側は、経営活動をしません。

❷会社は、一定の事業期間を決めて決算報告を行います。その中でもB/S、P/L、C/F は会社の経営状態が理解できる指標となります。そのため、これらを「財務三表」といいます。

会社にとって事業活動の成果に対する評価は欠かせないです。例えば、学生であるなら、勉強した成果に対する評価として、前期（春学期）と後期（秋学期）という期間中に学んだ成果を数値化して出される成績表があります。評価の目的は、関係者に成果や結果を伝えること、今後の対策や課題などを見つけ出すことで、さらなる発展につなげていくためです。会社の定期成績表には財務諸表と呼ばれる計算書があります。財務諸表は一般的には決算書と呼ばれています。

会社の財務諸表には、一定期間の中で、発生した収入と費やされた支出（費用）が記載されています。一般に、大企業の株式会社はお金を出している出資者側と事業を行う経営者側が別に存在します。これを❶所有と経営の分離といわれ、経営者は出資者や関係者に経営状況の報告書である財務諸表を提出しなければなりません。この ❷報告書 には「貸借対照表（　バランスシート：Balance Sheet　B/S）」、「　計算書（Profit and Loss Statement P/L）」と「キャッシュ・フロー計算書（Cash Flow Statement C/F）」がメインとなっています。ここでの C/F とは、会計期間においての現金の流れを記した表のことです。

この 3 つの計算書を通じて資金がいかに使われているのかが把握できます。これで、会社の所有者は経営状況が分かり、安心して経営陣に事業運営が任せられます。これらの計算書は、出資者だけではなく、銀行から融資を受ける際の評価基準になったり、ステークホルダー（stakeholder）が関係会社の経営状態を把握するうえでの判断材料になったりします。

~Memo~

【練習問題】

1 総資本とは資本と負債を合わせたものである。この資本と負債について、それぞれを説明しなさい。

2 資産は貨幣性資産と費用性資産に分けられる。それぞれについて説明しなさい。

3 財務3表のうち、B/S と P/L とは何か説明しなさい。

第2節　決算の仕組み
1　利益の仕組み

❶給料と給与は少し異なります。給料は、正規の労働時間内で働いたことに対する基本給のことです。給与は残業や手当などを合わせて実際もらう金額のことです。

❷黒字倒産とは会社が経営上では収益、つまり黒字になっているのに、倒産してしまうことです。たとえば、商品を仕入れすぎて、その仕入れ代金が払えないため倒産状態になってしまうケースなどがあります。

　我々は社会の中で暮らしていくためにはお金が必要です。そのお金を求めて社員は会社で働き、会社はその社員に❶給与を払います。そのため会社は経営資源を活かして自社の維持費や社員に給与を払うために儲けなくてはなりません。会社は利益が発生しない期間が続くと、会社運営に必要な支払いができず倒産します。しかし、❷黒字倒産といわれ、利益がそれなりにあったのに、倒産する会社もあります。そこで、利益と類似している言葉をしっかり理解する必要があります。

　まず、収入とは会社が受け取るお金のことです。どんな理由でも現金が会社に入ってくれば、それは収入となります。次に、収益とは、会社が営業活動で得られる売上高のことで、モノやサービスを提供した対価のことです。そして、利益は収益から費用を差し引いた金額のことで、利潤ともいいます。最後に、所得とは収入から支払った必要経費を差し引いた金額のことをいいます。

　製品の販売価格には、原料や部品などの仕入れ価格に人件費やマーケティング費用、研究開発費、設備費などが含まれています。会社の利益は、実際に売れた売上価格から様々な諸費用を差し引いたものです。例えば、仕入れ価格 1 台 100 万円する複合コピー機を、120 万円で 10 台を販売したとします。この際、売上総利益は、一台当たりの利益 20 万円×10 台＝200 万円になります。この 200 万円に諸費用（人件費、管理費などの 160 万円）を引いた 40 万円が純利益になります。

2 財政状態が分かるバランスシート

【用語説明】

♠ 簿記 　　　　一定期間内でのお金の流れを帳簿に記載すること
♠ 借方 　　　　帳簿に取引内容を左右に仕分けし、左側に記載されるもの
♠ 貸方 　　　　簿記に取引内容を左右に仕分けし、右側に記載されるもの
♠ 手元流動性 　現金のようにすぐに支払に当てることができる資産

❶貸借対照表は、
「バランスシート
（Balance Sheet：B/S）」
ともいわれています。現在
の資産と、今後の持つべき
資産を対照して営業上の財
産及び損益状況が分かるよ
うに計算している表です。

❷自己資本（純資産）とは、
返さなくてもいい手元にあ
る自分の資本のことです。
自己資本には借入金、買掛
金などが含まれています。

❸他人資本（負債）は、他
人から調達してもらったも
ので、いずれ返さなければ
なりません。

　もし、皆さんが現金や貯金が多くあるなら、どうしますか。場
合によっては人にお金を貸したり、家のような不動産を買った
り、お金の活用方法について工夫するでしょう。反対に、他人か
らお金を借りたいなら、どのように借りて、いかに返していく
か、その計画を立てるでしょう。

　会社では、自社の資産と負債がどの程度あって、どのような状
況になっているのか常に把握できるように何を、いくら調達し
て投じたのかを明確にする必要があります。自社の資産が少な
いのであれば、資産増加を目指して時系列で資産増加の変化を
具体化、つまり、数字で現わす必要があります。また、負債が多
いのであれば、どの位の負債金額をいつまで、どうやって返済す
べきかを予定を立てないといけません。

　そのための帳簿が❶貸借対照表です。左側に資産状況を書き、
右側に資本と負債を書きます。簿記上では、左右に分けて比較し
すいようにして左側を「借方」、右側を「貸方」と呼びます。借
方には資金の調達源泉と資金の運用形態が書かれています。こ
の運用形態には会社資産の用途が併記されています。右側の貸
方には、純資産となる❷自己資本と負債である❸他人資本を記載
します。会社では自己資本と他人資本を活用して事業を運営し
ています。資本の調達と運営は同じ会社の財産関係で形成され
ているため、借方と貸方の合計金額は必ず一致するようになっ
ています。

　結果的に、貸借対照表では資産、負債、資本の中身がわかり、
これで、貸借対照表は経営状態のの安全性や手元流動性の判断
材料になります。また、会社の資産と負債の変化を決算ごとに明
確に分かるようになります。

3 利益状況が分かる損益計算書

【用語説明】

♠ 売上総利益 　　　　粗利ともいわれ、売上高から売上原価を除いた利益

♠ 営業利益 　　　　　売上総利益から販売費と一般管理費を除いた利益

♠ 経常利益 　　　　　営業利益から営業以外の活動費用や収益を加減した利益

♠ 税引前当期純利益 　経常利益から臨時・特別に発生した利益や損失を加減した利益

♠ 当期純利益 　　　　税引前当期純利益から法人税等の会社が払うべき税金を除いた利益

❶損益計算書は一定期間の会社の経営成果を記したものです。その経営成果は単年度だけを見て判断するには限界があります。なぜなら、その年度だけの臨時・一時的な特別損益が加減されている場合があるからです。会社の業績は年度別で、何年間にわたる複数年度の動きを対比することで、より正確な経営成果をみることができます。

　儲かるとはどういうことでしょうか。本章2節の1で述べたように会社を維持していくためには儲けが必要です。会社では、その儲け詳細を誰が見ても分かるように帳簿に記録していきます。その帳簿が損益計算書（P/L）であり、ここには収入に当たる「収益」と、儲けに当たる「利益」を区別して、それらを詳細に計算して日々記入しています。

　このように損益計算書とは会社の経営成果を明らかにするために、一定期間の事業で儲けた全ての収益と、収益を得るために費やされた全ての費用及び損失を対比させ、純利益を計算する報告書のことです。また、損益計算書には、純利益自体が分かることに留まらず、純損益が発生した原因及び過程を知ることができるという役割があります。このように現在に至るまでの経営成果に基づき、今後、発生する収益や費用が推測できるため、どのような経営活動を行っていくべきか、適切な意思決定に役に立ちます。

　優良会社かどうかを判断する材料として、常に売上高が多いことだけで、稼ぎがよくて堅実な会社だとは限らないです。つまり、その売上高の中身をみる必要があります。損益計算書は収益と費用の状況を明らかにして利益の構成を明確にしています。その利益には、**売上総利益、営業利益、経常利益、税引前当期純利益、当期純利益**などがあります。売上総利益は多いのに、営業利益が少なければ、営業活動の際、無駄な費用が多いと考えられます。結局、会社は費やした全ての費用を除いたものが当期純利益になり、これが❶本当の利益です。これらを総合的に観察することで当該会社の経営状況が優良会社かどうか、大きな判断材料になります。

借方（左側）	貸方（右側）

貸借対照表

〇〇株式会社

20〇〇年 3 月 31 日
（単位：千円）

（資産）	金額	（負債・純資産）	金額
現金	700,000	借入金	200,000
売掛金	250,000	買掛金	300,000
受取手形	140,000	支払手形	270,000
有価証券	100,000	資本金	500,000
建物	350,000	当時純利益	420,000
土地	150,000		
合　計	1,690,000	合　計	1,690,000

損益計算書

〇〇株式会社

20〇〇年 3 月 31 日
（単位：千円）

（費用）	金額	（収益）	金額
仕入	400,000	売上高	1,800,000
給料	1,520,000	受取手数料	300,000
旅費交通費	100,000	受取家賃	500,000
通信費	70,000		
支払利息	90,000		
当期純利益	420,000		
合　計	2,600,000	合　計	2,600,000

【練習問題】

(1) 「収入、収益、利益、所得」において、それぞれの違いを説明しなさい。

(2) 貸借対照表（B/S）には借方と貸方がある。借方と借方に記す勘定科目を述べなさい。

(3) 損益計算書は収益、費用、利益で構成されている。利益において、「売上総利益、営業利益、経常利益、税引前当期純利益、当期純利益」のそれぞれについて説明しなさい。

第3節　キャッシュ・フローと会計基準
1　キャッシュ・フローの役割

【用語説明】

♠	代価	仕事の成果実現のための努力や活動の代わりに受け取る報酬
♠	現金同等物	現金ではないが、定期預金や小切手のように直ぐ現金に換金できるもの
♠	期首	会計決算期間の始め
♠	期末	会計決算期間の終わり

❶キャッシュ・フロー
(C/F：cash flow statement)
計算書とは企業の現金及
び現金同等物の受け取り
に対する支払状況を記し
たものです。

❷財務3表（B/S、P/L、
C/L）は、同じ会社で使
われる計算書であるた
め、相互に関連性があり
ます。会社の利益が増減
すると、B/S、P/L、C/L
も同様に増減します。

　会社が事業活動を行なえば、その**代価**を受け取るのは当然のことです。代価の種類は様々ですが、代価として会社に入ってくるものが、現金か**現金同等物**が多いと資金の流れ（フロー）がよくなるため、事業運営が円滑になります。しかし、それ以外のものが多いと、運営がうまくいかなくなることがあります。売上高や純利益が増えたとしても、売掛金ばかりで、現金や現金同等物が入ってこなければ、資金繰りが悪化し、経営が苦しくなります。会社に現金や現金同等物が少ないと、借入金や給与などを払えず、利益はあるのに潰れてしまうという、黒字倒産になってしまいます。

　したがって、会社は、売上高を増やすことも大事ですが、それだけではお金の流れや問題点が見えないため、キャッシュ・フローを作成・活用することで、お金の流れがより分かりやすくなります。そのため、会社では❶キャッシュ・フロー計算書を作成して資金管理をしています。この計算書では**期首**にあったキャッシュの合計と**期末**に残っているキャッシュの合計を記しています。期首から期末に至る過程で発生しているキャッシュの流れや増減額を明らかにしています。

　会社が儲かれば、損益計算書の利益が増えると同時に貸借対照表の自己資本も増えます。自己資本が増えるということは、返済義務のある借入金などの他人資本が減ることになります。そして、現金や現金同等物が増えることによって、キャッシュ・フローがよくなります（以上、❷財務3表）。このように、キャッシュ・フロー計算書を作成することによって、会社の現金運用能力の評価、利益の中身の評価ができ、会社の資金状況が分かりやすくなります。

2 キャッシュ・フロー計算書の仕組み

キャッシュ・フロー計算書の仕組みは右の表のように、営業活動、投資活動、財務活動と区分して記載しています。

まず、営業活動によるキャッシュ・フローには、商品の仕入や販売、給料支払いなどと関連する現金の流入と流出を記します。次に、投資活動によるキャッシュ・フローには、設備投資、有価証券投資などと関連する現金の流れを記します。そして、財務活動によるキャッシュ・フローには、借入金の調達と返済、配当金の支払い、資本の増資と減資などと関連する資金の収支を記したものです。財務活動の成果がプラスの場合は資金を調達して増えたこと、マイナスの場合は資金を返済したことを意味します。

キャッシュ・フロー計算書の最後には、キャッシュの流出入の計算結果を記載します。ここでは、右の表にあるように、「現金と預貯金における増減額、期首残高、期末残高」が記載されます。結果的に、期首より期末の残高が増えたとすれば、キャッシュフローが円滑になったことで、資金繰りがよくて事業が安定している優良会社だといえます。

キャッシュ・フロー計算書
2000年3月31日
〇〇株式会社　　　　　　単位：千円

I　営業活動によるCF	
営業収入	5,500
仕入支出	−2,500
人件費支出	−2,450
キャッシュ・フローの小計	550
II　投資活動によるCF	
固定資産取得の支出	−300
固定資産売却の収入	270
キャッシュ・フローの小計	−30
III　財務活動によるCF	
株式発行	500
借入による収入	250
借入金返済の支出	−900
キャッシュ・フローの小計	−150
IV　現預金の増減額	370
V　現預金額の期首残高	260
VI　現預金額の期末残高	630

3 会計基準の国際化

【用語説明】	
♠ 会計基準	財務状況を表して経営実態を明らかにするための財務諸表作成の原則
♠ 海外子会社	本国にある親会社とは別の法人として海外進出先にある会社
♠ 純利益	会計期間内でかかった全ての費用と税金を除いた最終段階の利益
♠ 純資本	資産総額から負債総額を差し引いた資本金

❶1973 年に世界 9 か国の職業会計士団体が初めて国際会計基準の必要性に基づき、その策定に臨みました。その結果、今日の国際会計基準として 2001 年に IFRS (International Financial Reporting Standards) と名づけられました。

今日では、人やお金の流れが国境を越え、益々グローバル化が進んでいます。今や海外に支社や支店がある会社も珍しくありません。そうしたら、海外にあるグループ会社（例えば、現地子会社）のお金の管理はどうすべきでしょうか。海外には海外その国特有のルールがあるので、本国式のお金の管理では通用しないのです。しかし、どの国でも同じ会計基準で、信頼性のある財務情報があれば、海外とのビジネス活性化の一因なります。そのため、国際的に通用する統一した会計基準が必要です。この要望に応えるために制定されたのが、❶国際会計(IFRS)です。

IFRSは 2005 年に、EU が域内で IFRS を義務化したことを契機に全世界に急速に広がりました。今日では 130 カ国以上の国や地域で適用されています。IFRSのメリットは国際取引の際、相手企業の経営状況が分かりやすくなり、海外投資家からの資金調達が容易なことです。また、海外子会社と同様な会計基準を適用することで、海外会社との財務情報を正確に比較でき、意思決定が正確で、かつ迅速になります。

❷日本の会計処理の方法は海外の関係者からみると中身が分かりにくいようです。そのため、中身の理解を求め、海外投資家によって IFRS 基準に合う別の計算書作成が求められています。

実は日本の会計基準はIFRSと異なる点が多くあります。日本は利益か費用を除いた値、つまり純利益を最も要視しているが、IFRSでは、資産から負債を引いた純資産を重視しています。日本も IFRS 化を目指していますが、問題は国際会計への新たな会計教育に相当な費用がかかることです。しかし、会社には「ⓐ会計のIFRS化によって、海外からの資金調達が容易、ⓑ海外の関連企業と同じ基準で行うため、正確な財務把握と経営情報の一助になる、ⓒ国際取引の場合、海外向けの会計をする❷二度手間が不要」というメリットがあるため、2015年から日本の上場企業は国際会計基準の適用が義務化されました。

【練習問題】

1 黒字倒産とは何かを述べた上で、その背景について説明しなさい。

2 キャッシュ・フロー計算書には、営業、投資、財務の活動によるキャッシュ・フローがあります。それぞれの活動内容を説明しなさい。

3 国際会計基準のメリットとデメリットについて簡単に述べなさい。

第4節　会社の決算と資金管理
1　連結決算のねらい

【用語説明】

♠　M&A　　　　Merger & Acquisition の略で、企業の合併・買収のこと

♠　子会社　　　親会社が 50%以上を出資している関連会社

♠　孫会社　　　親会社や子会社が合わせて 50%以上を出資している関連会社

♠　棚卸資産　　会社が商品、半製品・部品、消耗品など収益確保のために保有している資産

❶連結決算とはグループにある会社全体を１つの事業単位ととらえ、そのグループ会社全体を合わせて決算を行う会計方法のことです。

　会社は組織が大きくなると、一般的に事業を細分化して国内外に事業部、支店や事業所を設置します。場合によってはM&Aにより他社と組織を合併したり、**子会社や孫会社**を作ったりします。それぞれを会社単位でみると、関連会社や一部の組織では利益を上げているが、そうではない会社もあります。

　ところで、グループ会社とはいえ、会社ごとの決算が別々に行われ、決算情報が分散していると、第三者からみると、グループの全体像が見えなくて経営状態が分かりにくくなります。そこで、グループ全体としての損益を計算する必要があり、そのために行うのが**❶連結決算**です。これは、会社が自社の経営状況を意図的に隠すなど、その問題点を未然に防ぐねらいがあります。また、連結決算によってグループ全体の経営状態の透明性で、社外からみても当該会社の経営状態が分かりやすくなります。そのうえに、経営状態の健全性を保たせることもできます。連結決算は、グループ会社との資本取引や物の売買に伴う損益取引、**棚卸資産**の保留利益などのような内部取引に当たる部分は相殺して決算することになっています。

　また、上場会社には連結財務諸表作成が義務づけられていますが、非上場会社でも連結決算を取り入れている会社も少なくないです。連結決算はグループ経営状態の透明性確保により、投資誘致を容易にするメリットがあります。

　さらに、会社は連結決算を行なうことで事業連結の成果を事業責任者に情報を与えることができるのです。

2 税金と会社

【用語説明】
- ♠ 国税　　　　　国が国家運営のために課す税金
- ♠ 地方税　　　　地方公共団体が生活に身近な行政サービスの活動資金のために課す税金
- ♠ 法人住民税　　地方自治体が所在地にある会社の利益に対して課す税金
- ♠ 法人事業税　　自社が位置している地方自治体に会社法人として支払う税金
- ♠ 源泉徴収税　　源泉徴収で差し引かれる税金

❶税金は我々が豊かな社会生活をしていくためにみんなで負担している会費のようなものです。国や地方自治体は税金で、公共サービスを行えます。例えば、市役所、警察署や消防署などの運営は税金よって運営しています。

❷法人税とは、会社の利益に対して課税する国税のことで、税額が最も多い税金です。法人税の額は資本金や課税所得によって異なります。

また、所得や法人によって変わりますが、2018年4月からは、法人税の税率が23.2%にして、他国との競合ができるように前年度より0.2%下げました。

❶税金は公共のサービスや施設を提供・運営するための活動資金の財源になります。会社にとっての税金は自社の財産運営に大きな影響を与えます。会社はどのような税金を払っているのか、あるいは払わないといけないのかを把握する必要があります。

会社として、納税は義務で、事業活動と共に税金を払うようになっています。個人の税金とは異なり会社が払う税金は様々で複雑です。会社の納税には、国に納める国税と地方自治体に納める地方税があります。国税には消費税、❷法人税、地方法人特別税、印紙税、所得税などがあります。地方税には、法人住民税（都道府県税・市区町村税）、法人事業税（都道府県税）、固定資産税（区市町村税）などがあります。

また、会社には源泉徴収という制度があります。これは、サラリーマンの代わりに会社が給料や報酬から天引きして源泉徴収税を納めます。ここでの源泉徴収とは、給与や報酬などを支払う会社が予め税金として差し引くことです。会社は社員の給料や報酬から税金を徴収して受取人の代わりに納税します。

ところで、利益を巡っては会計上と税務上によって考え方が異なります。会計上は「収益−費用＝利益」になりますが、税務上では「益金−損金＝所得」となります。同じように見えますが利益と所得は必ずしも一致しません。時々、会社は税金をあまり払いたくないため、利益を減らして経費を多めに計上します。これは、会計上はすべて費用とみなされますが、税務上は課税の公平性を保つために経費として認められないことがあります。

3 会社の資産公開と資金管理

【用語説明】

♠	資金調達	資金計画に伴い、借入、資本増資などで資金を集めること
♠	出納管理	金銭出納帳などで現金の出し入れを管理すること
♠	資金繰りの管理	資金の過不足を調整し、正常な会社の運営を手助けすること
♠	IR	会社が投資家や資産運用に関心のある人に対して行う広報活動

❶IR
　（Investor Relations）
は経営や財務の状況、事
業計画や今後の戦略など
を正しく伝え、自社の投
資価値を認めてもらうた
めに情報開示を行う活動
のことです。

❷ディスクロージャー
　（disclosure）制度は、
「経営内容開示制度」と
いわれ、企業が経営内容
を外部に開示することで
す。証券取引法では、不
適切な情報による投資家
を保護するため、資産の
公開を求めています。そ
の一環として、上場企業
にはディスクロージャー
を義務付けています。

　現金、小切手などのように換金性の高いものには不正が生じやすいため、徹底的な管理が必要です。その一環として、会社では、資金調達、出納管理、資金繰りの管理などの側面から働きかけ、適切な管理を促します。これらの管理を求め、まず、円滑な資金調達をするため、会社は自社の資金状況を把握するとともに、金融機関と良好な関係を維持することが大切です。次に、適切な出納帳管理のために内部牽制が可能な組織構成に基づいた健全な資金の流れを構築し、責任者による定期的な確認をします。

　資金繰りを管理する際には、異常な資金移動の監視、かつ効率的な資金運用体制を確立しておく必要があります。このような資金運用体制を導入して活用することで会社は適切な資金管理ができ、自社の信頼性を高めることができます。ひいては、会社が資金管理の状況を公開することで、不正や不適正を防ぎ、自社の事情を客観的で正しく理解してもらうことができ、社外の人が投資しやすくなります。

　そのため、会社は投資家が自社への投資を促すために❶IRを定着させることが重要です。IRは自社の経営状況を分かりやすく知らせるための情報発信を促すことです。日本では投資家への正しい情報提供を求めるために、❷ディスクロージャー（disclosure）制度を導入しています。この制度に基づいた積極的なIR活動は、自社の現状を明らかにすることができ、自社のイメージアップとともに投資しやすい環境を整え、投資価値を理解してもらい、投資価値を高めることができます。

~Memo~

【練習問題】

1 なぜ「連結決算」制度が取り入れられているのか、その理由を述べなさい。

2 我々が納税する理由と法人税について、それぞれを簡潔に説明しなさい。

3 会社が適切な資金管理を行う必要性とそのメリットを説明しなさい。

担杆島ふ頭

第8章

働き先としての会社

☞ 会社経営になぜ保険が必要なの？

☞ 職場にもルールがあるの？

☞ キャリア形成って？

働き先としての会社
第1節　賃金と保険
1　賃金と賃金台帳

【用語説明】

◆　賞与　　　　ボーナスともいわれ、給料とは別途で成果に応じて夏期や冬期に支給されるお金
◆　労働者名簿　労働者の氏名、生年月日、履歴などを記載して管理する名簿
◆　出勤名簿　　労働日数、労働時間数、時間外労働状況などを管理する名簿
◆　控除　　　　ある金額から一定の金額を差し引くこと

❶賃金とは、労働基準法で「賃金、給料、手当、賞与その他名称の如何を問わず、労働の代価として雇用主が労働者に支払うすべてのものをいう。」と定められています。

❷賃金台帳は、労働基準法108条によって、「使用者は事業場ごとに賃金台帳を調製し、賃金計算の基礎となる事項及び賃金の額その他厚生労働省令で定める事項を賃金支払の都度遅滞なく記入しなければならない。」と規定されています。

　会社は人を雇うと、その対価として「❶賃金」を払わなければなりません。賃金は給料（あるいは給与）、賞与（ボーナス）などの総称です。賞与は給料とは異なり、一律的に定められているものではなく、一般的に労働や経営の成果を反映して支給額が決められます。
賃金の支払いには、「賃金支払の5原則」というルールがあります。

　1番目は、別途の定めがない限り、通貨で支払う原則です。賃金は一般的に労働者指定の銀行口座に振り込みます。また、例外もあるが現物支給は禁じています。

　2番目は、一部の控除額を除いて賃金の全額を支払う原則です。

　3番目は、毎月1回以上、賃金を払う原則です。これは、未払い期間が1ヶ月以上になると、労働者の生活に支障を招く恐れがあるためです。

　4番目は、労働者の生活面での安定を守るために一定期日払いが原則です。

　5番目は、労働者が病気、未成年者などの例外事項を除き、労働者に直接支払うのが原則です。賃金支払いにおいて、会社は「❷賃金台帳」を作成し、賃金計算の基礎となる金額等を遅延や記入漏れなどがないように正確に記載しなければなりません。賃金台帳は労働者名簿、出勤簿とともに労働者を適切に管理するために欠かせない書類です。正社員はもちろん、アルバイトやパート社員でも記入が義務付けられています。賃金台帳には、名前、性別、賃金計算期間、勤務日数、勤務時間数、規定時間外勤務（残業、深夜勤務、休日出勤など）、賃金の種類ごと（基本給、手当など）の金額、控除した金額を記入することになっており、3年間保存することが義務となっています。

2　給料の仕組み

【用語説明】

◆　給与明細　　　　給与の支給額や控除額が示された資料

◆　電子化　　　　　コンピューターを活用し、紙使用を控えデジタルデータにすること

◆　基本給　　　　　手当を含まない正味の給料として給与体系の軸となる賃金

◆　早出　　　　　　定刻の出勤時間より早く出勤し、定められた時間働くこと

◆　インセンティブ　やる気を促すため、目標を達成した際に支払われる報奨金

❶給与明細には、勤怠、支給、控除などが記載されています。勤怠は勤務の日数や労働時間、支給には、支払われた金額、控除には差し引かれた金額、その他に還付を受ける金額などが記載されています。

❷諸手当とは、給与の水準を補完したり、調整したりするために支払われる基本給以外の賃金のことです。

　就職活動の際、適切な企業を探すためには、勤務時間、給与体制、職種や業種が確認ポイントになります。その中でも労働対価として自分がもらえるべき給料を正しく理解することも重要なポイントです。就職活動をする人受け入れる会社は労働者が働くべき業務内容を明確にする必要があります。その証として発行するのが❶給与明細です。給与明細は紙や、電子化されたデータなど何らかの方法で従業員に渡されます。給与明細という形での発行は法律上の義務ではないが、給料から控除した金額などの計算書と支払明細などを従業員に必ず伝える義務があります。

　給料は、毎月決められた基本給と❷諸手当となっています。諸手当には「役職、通勤、資格、住宅、扶養、出張」などがあります。その他、時間外の労働時間に対する賃金があります。例えば、早出、残業、深夜労働、休日出勤などのように、規定の時間以外で働いた場合、労働対価に準じた支払いが発生します。さらに、会社は社員にモチベーションを高めるためにインセンティブ（incentive）制度を設け、給料以外の一定の賃金として支払う場合があります。

　一方、前項で取り上げた賃金台帳は、給与明細と異なり、労働基準法に基づき、法定帳簿の1つとして、記載と保存が義務付けられています。賃金台帳には、事業所ごと、賃金の支払いごとに作成し、年間保存することになっています。これにより、社員の雇用や退職時に社員としての資格の取得や喪失などの手続きと給付を行うことができます。

3 保険と年金の加入

【用語説明】

- ◆ 健康保険 加入者である社員や扶養家族が医療費負担を減らすための保険
- ◆ 労災保険 仕事中や通勤時における怪我や病気、死亡に対して保障する保険
- ◆ 障害年金 病気や怪我のため、生活維持や就業が不可能な場合に受給される年金
- ◆ 遺族年金 働き手や年金受給者が亡くなったときに、その家族に給付される年金
- ◆ 老齢年金 一定の老人年齢に達した際に支給される年金

❶会社では社員だけではなく、経営者のための保険にも加入しています。社長の長期不在や死亡によって起こる損失を救済するための保険です。

❷社会保険には、健康保険、介護保険、厚生年金保険、雇用保険、労災保険などがあります。社会保険は通常の会社であれば種類に関係なく、強制加入となります。

❸厚生年金は、政府が運営する公的年金として所得に比例して負担するようになっています。厚生年金保険は社員が加入し、老後の生活を自立して暮らせるために必要な社会保険制度です。

人々は日常生活の中で、平穏に暮らしている間で、突然予測もしなかった事故や災難にあうことがあります。誰にでもそのような危険があります。会社でも同様のことが起こり得ます。このような出来事に備え、会社では❶社員のために保険に加入しています。

社員のための保険には、❷社会保険と労働保険があります。社会保険には健康保険と❸厚生年金が、労働保険には労災保険と失業保険があります。会社は5人以上の社員を抱えて事業を行っていれば、業種や規模に関わらず、社会保険へ加入することが義務付けられています。また、保険に加入していることによって様々な給付を受けることができます。例えば、怪我や病気のために仕事ができなくなった場合、健康保険から傷病手当金という名目で、失われた所得機会の補填として給付が受けられます。出産のために仕事を休む場合、出産手当金が給付され、家族が出産した場合も一時金としてお金が給付されます。

また、老後の年金としては、厚生年金があり、それには障害年金、遺族年金、老齢年金などがあります。厚生年金保険は、適用事業所の 70 歳未満のパート社員を含めた常勤者は厚生年金保険の被保険者になります。厚生年金保険は厚生労働省が管理責任者となり、事実上の運営は日本年金機構の年金事務所が運営しています。そして、支払うべき保険料は事業主と被保険者が半分ずつ負担しています。会社は被保険者分の保険料を毎月の給料から差し引き、会社分の保険料と併せて翌月末までに年金事務所に払います。会社が払う社会保険料は経費として見なされ、節税対策になります。

~Memo~

【練習問題】

1 　賃金の仕組みについて説明せよ。

2 　給料の仕組みについて説明せよ。

3 　次の（　　　）にあてはまる言葉を考え、文章を完成させよ。
　　　従業員のための保険には、大きく分けて社会保険と労働保険がある。

　　社会保険には、（　　　）と（　　　）がある。また、労働保険には、

　　（　　　）と（　　　）がある。厚生年金には、（　　　　）、

　　（　　　　）、（　　　）がある。

第2節　就業規則と退職

1　職場の法律としての就業規則

【用語説明】

◆　服務規律　　　従業員が働き方として守るべき約束やルール

◆　待遇　　　　　従業員への給与や労働条件などへの取り扱いのこと

◆　最低賃金　　　労働対価として最低賃金法に基づいた賃金の最低金額

◆　安全衛生　　　事故やケガがなく、健康で安心して働ける職場環境

◆　傷病扶助　　　病気になっても安心して暮らせるように経済的支援をすること

❶就業規則とは、社員が仕事をする上で守らなければならないルールを明確に示しているものです。

　皆さんが日頃、楽しんでいるスポーツにも必ず守らなければならない規則（ルール）があります。同様に会社にも、仕事上、守らなければならないルールを定めた❶就業規則があります。この規則は会社の法律とも言われ、遵守しないと最もひどい処分である解雇になる場合もあります。就業規則が理解できないが、就業規則の存在さえ、知らないことによる誤解や不利益を事前に防ぐために、就業規則に書かれている内容を就業する前に十分に理解しておく必要があります。

　常時 10 人以上を雇っている会社は就業規則を作成し、所轄の労働基準監督署長に届けを出さなければなりません。就業規則を作成する意義は、従業員が安心して、明るくて働きやすい職場を作ることにあります。そのため、就業規則にあらかじめ労働時間や賃金、人事や服務規律、労働条件、待遇状況などを明確に定め、経営者と社員とで共有しておくと、トラブルの発生を未然に防ぐことができます。

❷絶対的必要記載事項には、始業と終業の時刻、休憩時間、休日、休暇、賃金の決定、支払方法、給料の締め切り、支払の時期、昇給、退職（解雇を含む）などがあります。

　就業規則の内容には、労働基準法による「❷絶対的必要記載事項」と、各会社内でルールを決める相対的必要記載事項があります。前者には、主に労働時間関連、賃金関連、解雇を含む退職の関連の詳細事項が記載されています。後者には、退職手当、臨時の賃金・最低賃金額、費用負担、**安全衛生**、職業訓練、火災補償・業務外の**傷病扶助**、表彰や制裁、その他の関連事項が記載されています。その他、会社が事業運営上、任意に記載する事項もあります。

2 労働契約の解消としての辞職と解雇

【用語説明】

◆ 辞職 これまで働いていた会社の職を自分の意志で辞めること

◆ 懲戒 社員が就業規則を違反したことで、罰を与えること

◆ 整理解雇 会社の経営状況が困難に陥り、社員を減らすための労働契約解除

◆ 普通解雇 悪質な規律違反による懲戒解雇と営業悪化による整理解雇以外の解雇

◆ 再雇用 定年になった社員を一旦退職させてから再び雇用すること

❶一般的に、退職と同等の意味で使われている言葉には、退社、離職、辞職、結婚による寿退職などがあります。

❷懲戒解雇の場合は、重大な犯罪（例えば、横領、秘密漏洩）を犯したことが原因であるため、一般的には退職金を払われないです。さらに、競合社への意図的な情報提供、産業スパイのような場合は刑罰の対象になります。

　我々の生活は、数多くの約束や契約によって成り立っています。お互いが約束や契約を守らないと破棄となってしまいます。会社では経営者側と社員側が契約関係となっています。会社において相互の契約関係が破棄されるということは、❶退職や解雇のことです。解雇には、❷懲戒解雇、普通解雇、整理解雇、論旨解雇、不当解雇などがあります。

　退職は、社員側の自己都合による場合、定年のように任期満了による場合、死亡による場合があります。退職の広義の意味は、従業員本人の死亡以外の理由で、辞職や解雇を含め、職を辞することです。退職の狭義の意味は、従業員自らによる意思表明（辞職）と会社からの一方的な意思表明（解雇）、従業員と経営者との相互合意などによって契約を破棄する合意退職があります。

　解雇にはいくつかの種類があります。社員の都合による普通解雇と、リストラのような会社の都合による整理解雇があります。また、社員の勤務状況の問題（例えば、故意による事故）がある場合の懲戒があります。どの解雇の場合も、会社は30日以上前に解雇対象の社員に通知しなければなりません。

　近年では定年後でも元気で働ける人が増えています。このような人の定年後の再雇用は、会社にとっては魅力的です。定年前と同様の仕事ができるのに、定年後であることから大幅に賃金を下げることができます。また、個人によって異なりますが、従業員は下がった賃金に対して高年齢雇用継続給付で補うことができます。

3　退職後や定年後の年金制度

【用語説明】

◆　退職金　　　　　　　　退職する従業員に支払われるお金
◆　厚生年金基金　　　　　私的年金である企業年金のことで、厚生年金に上乗せしたもの
◆　確定給付企業年金　　　将来給付額を先に決定し、その決定金額を企業が運用する年金制度
◆　確定拠出年金　　　　　拠出額（掛金）を先に決定し、その掛金を加入者が運用する年金制度
◆　特定退職金共済制度　　将来必要な従業員の退職金を毎月計画的に準備できるようにしている制度

❶企業年金とは企業が従業員の老後生活をより豊かにするために公的年金とは別に設けている民間の年金です。

　年月とともに、人は誰でも年を取り、高齢になると、心身が衰弱になって会社で働くことができなくなります。個人差はあるが、いつかは退職の時期が訪れます。働けなくなった時、その時のために用意しているのが年金制度です。日本には、大きく分けて全国民を対象にした基礎年金、心身の障害者が使える障害年金、❶企業年金があります。

　その中でも企業年金は社員の定年後や退職後の生活費用の準備金として退職金や年金給付として積立をしています。

　企業年金には、厚生年金基金、確定給付企業年金（基本型・規約型）、確定拠出年金（企業型・個人型）、中小企業退職金共済制度・特定退職金共済制度、自社年金などがあります。

　高度成長期においては、会社が拠出した年金の掛け金は、証券投資や不動産投資をはじめとする資産運用から利息分以上の利益を得ることができました。しかし、バブル崩壊後は市場の低迷が続き、資産運用がうまくいかず年金の原資確保ができない企業も少ないなくないでした。これにより、社員は大きな被害を受け、会社は退職金準備のために資金を使いすぎ、資金運用が厳しくなったため、会社は社会とともに大変な状況に陥りました。そこで新しい企業年金への変更が迫られ、政府は企業年金制度を見直しました。

❷ポータビリティ（portability）とは、年金の原資を持ち運べるということです。このメリットは、転職の際にこれまでの企業年金から転職先の企業年金に移動ができることです。確定拠出年金型は個別口座で運用ができるため、持ち運びが確保されます。

　その結果、企業年金制度に年金の権利を持ち運ぶ制度（❷ポータビリティ）が導入されることになりました。年金制度は社員に自己責任のもとで年金運営を委ねることになり、確定給付型企業年金に新たに確定拠出年金という制度が導入されました。

～Memo～

【練習問題】

1 次の（　　　）に適切な言葉を入れなさい。
　　　　企業年金には、（　　　　　　　　　　）、（　　　　　　　　　）、
　　　　（　　　　　　　　）、（　　　　　　　・　　　　　　　　）、
　　　　（　　　　　　　　　）などがある。

2 就業規則の必要記載事項にはどのような項目があるのか、簡単に述べなさい。

3 退職と解雇の違いについて説明しなさい。

第3節　キャリア形成の必要性
1　業務成果による人事評価

【用語説明】

◆	転職	現在、働いている職業や会社から他の職業や会社に移ること
◆	職歴	現在に至るまで働いていた経歴
◆	習熟度	仕事に十分慣れて上手に業務達成ができる程度（度合）
◆	モチベーション	円滑な業務達成のための、人間の動機、意欲・やる気になるもの（motivation）
◆	貢献度	会社のために力を尽くして得た成果の程度（度合）

❶成果主義に基づいた人事評価では、勤続年数、学歴などの過程は、あまり評価の対象になりません。

　成果主義では、業務成果や会社への貢献度による評価を判定の基準にしています。日本での成果主義は制度としてあまり定着していません。一方、能力主義とは、個人の能力やキャリアを総合的に評価することです。

　経済の高度成長期では、優秀な人材の獲得や転職防止のため、多くの企業は年功序列や終身雇用という人事体制を取り入れました。年功序列制度は、会社内での職歴が長くなると仕事のノウハウや習熟度が高まり、同様な仕事に効率的な業務遂行ができるというメリットがありました。

　しかし、今日における会社は、グローバル化時代に合う人材、事業ニーズに合う人材を求め、その成果が得られる人事制度が当然な時代を迎えています。これに日本の多くの企業も❶成果主義の人事評価制度に変わりつつあります。この成果主義のメリットは、まず、現在の成果を重視した社員へのモチベーションを高めることができます。次に、仕事ができる人には待遇を良くすることで、優秀な人材確保ができます。そして、単なる経歴や勤続年数に相応する無駄な賃金払いが避けられ、人件費の適切な配分ができます。

　しかし、そのデメリットは、まず、現在は評価しにくい研究開発部門や事務部門などの業務成果を助ける間接分野への評価基準を定めにくいことです。次に、個々の成果を重視するため、構成員同士の協力体制、創造効果が困難になりがちで組織全体としての成果が上がらないことです。そして、短期的な成果に偏り、中長期的な分野へのモチベーションが上がらないといったことがあげられます。

　このように今日の企業は成果主義を目指しているが、そのデメリットをいかに補うかが課題となります。企業は成果主義に基づいた人事制度の導入にあたり、まずは、評価基準の客観性、明確性、統一性、一貫性を前面に打ち出す必要があります。一方では、年功序列の長所（例えば、組織との調和と貢献度）を生かすことです。

2　様々な雇用形態

【用語説明】

◆　派遣労働者　　　　　　　人材派遣会社と契約を結び、指定の会社で働く労働者

◆　契約社員　　　　　　　　一定の雇用期間の間だけ働くことになっている社員

◆　パートタイム労働者　　　正社員と比べ所定労働時間が短い非正規雇用の労働者（part-time worker）

◆　短時間正社員　　　　　　正社員と比べて所定労働時間が短い正社員

◆　家内労働者　　　　　　　仕事の委託を受けて製造や加工などを自宅で行う個人労働者（homeworker）

◆　在宅ワーカー　　　　　　委託を受けて情報通信機器を活用して自宅で働く人

❶正社員とは、一般的に正規雇用で、所定時間内をフルタイムで働いている従業員のことです。正規社員とも言います。非正規社員とは、アルバイト(part-time job)、パートタイム労働者、契約社員、派遣社員などのことで、正社員と比べて短い時間で働く社員をさすことが多いです。

定時出勤や定時退勤、長時間労働ができないという働く側の都合があります。反対に、労働量が不規則で働く側のニーズを満たせないような会社側の都合もあります。このような両者の都合をふまえ、多様な労働形態が存在します。

厚生労働省によると、フルタイム❶正社員以外の雇用形態には、ⓐ派遣労働者、ⓑ契約社員、ⓒパートタイム労働者、ⓓ短時間正社員、ⓔ業務委託を結んで働いている人、ⓕ家内労働者、ⓖ在宅ワーカーがあります。

ⓐの派遣労働者は、労働者に賃金を払う会社と業務を指揮する会社が別にある労働形態で、詳細な規則は労働者派遣法に定められています。ⓑの契約社員は、あらかじめ雇用期間が定められている労働形態です。労働契約期間は3年以内が原則となっています。ⓒのパートタイム労働者は、短時間労働者のことで、会社はパートタイム労働者でも公正な待遇に取り組むことが義務となっています。ⓓの短時間正社員はフルタイム正社員と比べて労働時間が短いが、労働契約の期間を定めないという特徴があります。給与の算定方法はフルタイム正社員と同様です。ⓔの業務委託（請負）契約を結んで働く人は、受けた仕事の完成度に対して報酬が支払われるもので、原則的に労働者としての保護を受けることが難しいです。ⓕの家内労働者の場合は、家内労働法により、仕事の委託者は家内労働手帳の給付、最低賃金の順守などが求められています。ⓖの在宅ワーカーに仕事を委託する場合には、在宅仕事の適正な実施のためのガイドラインをふまえた対応が必要です。

3 自分向けのキャリア形成

【用語説明】

◆ 昇給 　　　　　勤続や好成績によって給料があがること
◆ 肩書き 　　　　ある人の職業、役職名などに基づいて呼ばれている身分や地位の称号
◆ ジェネラリスト 　幅広い知識、技術、経験を活かして様々な業務遂行ができる人
◆ 適材適所 　　　人々が持っている適性や能力に相応しい地位や任務を任せること

❶かつて会社にジェネラリスト（generalist）が求められた背景には、会社主導による社員全員への一律的な能力開発があります。

❷厚生労働省によるとキャリア形成とは、「自らの職業生活設計に即して必要な実務経験を積み重ね、実践的な職業能力を形成すること」と定義しています。その目的は、職業上、重要な任務を果たることができる人材育成にあります。

　皆さんは自分が「仕事ができる人」だと思っていますか。人は生まれてからの親譲りで仕事が上手にできるわけではありません。自分なりによい仕事の成果を出したくて頑張っている間に、自分のキャパシティ（能力）が大きくなっていくのです。皆さんが先の質問である「仕事ができる人」と答えたのなら、きっと何らかの教育や訓練、経験があったからでしょう。

　従来の日本企業の社員は、一流企業に入社して、学歴、**肩書き**、資格などに基づき、年功序列に応じて定年になるまで**昇給**や雇用が保証されました。このような保証ができたのは、自社の従業員として❶**ジェネラリスト**型の❷**キャリア形成**があったからです。しかし、今日のような経済状況では従来のようなキャリア形成の方法では、有能で有効な人材育成をすることが困難です。会社では「**適材適所**」の人材構成を求めながら、それまでの職歴や得意分野を生かせる人材育成が重要となります。つまり、会社や事業ごとの特徴や経済のグローバル化時代に適合する人材を育成するためのキャリア形成の仕組みが必要になりました。

　一方、どんな問題が起きても厳しい事業環境を乗り切れる人がいます。そのような高度な能力を発揮できる場面は主に職場であります。会社は高度な能力のある会社がよい人材を確保するためにはキャリア形成を支援する必要があります。そのため、会社は選抜研修や個人の目標設定と自己啓発、個人の自律的な能力開発を促していくことが大切です。

　なぜなら「企業は人なり」と言われるように、結局、会社は人で成り立ち、社員の能力によって維持・発展ができるからです。

~Memo~

【練習問題】

1 キャリア形成の必要性と、その支援の必要性について述べなさい。

2 人事制度の成果主義に対するメリットとデメリットについて説明しなさい。

3 様々な雇用形態の中で、正社員、派遣社員、契約社員、パートタイム労働者について簡潔に説明しなさい。

第4節　人材のニーズとキャリア形成

1　ワーク・ライフ・バランスの必要性

【用語説明】

◆　選択肢　　　　　　　　　　ある質問に対して適切な回答を選べるようになっている複数の答え
◆　ワーク・ライフ・バランス　生活と仕事の時間を区分して調和や調整を図ることこと
　　(work-life balance)
◆　ダイバーシティ(diversity)　個人、集団、価値観、文化などの違いを受け入れようとする多様性
◆　スキルアップ(skill up)　　　経験や熟練を積み上げて業務能力を高めること

❶ワーク・ライフ・バランスの効果は、「女性を中心に優秀な人材の獲得・定着・育成、若手社員のモチベーション向上、無駄な時間の改善と労働生産性の向上、優良企業としてのイメージ拡大など」が考えられます。

　豊かに生活を暮らすためにはある程度の経済的な余裕が必要です。また、モノだけでなく、心が豊かで穏やかに暮らすことも重要です。これら両方が揃ってこそ、人間は喜びや幸せを感じます。しかし、現実を見ると、日本は先進国とはいえ、多くの人は不十分な収入のため、基礎生活さえ不安であったり、安定した仕事がなく経済的自立が困難な状況であったりします。さらに、日々の仕事に追われ、心身ともに疲れ果て、家庭生活の余裕がなく、ストレスを抱えている人も少なくありません。働き方の選択肢が限られ、子育てや親の介護、体力の低下などにより、現状は仕事と生活の両立が限界に達しています。

　内閣府では、時代の変化に応じて国民1人ひとりが仕事と生活の調和（❶ワーク・ライフ・バランス）が実現するように取り組んでいます。ワーク・ライフ・バランスで仕事が順調になると、生活や暮らしが豊かとなります。また、私生活が充実していれば仕事が順調にいくということで相乗効果が生まれます。これは、単に仕事とプライベートの生活を明確に分けることではない。短時間で多くの業務成果を出すことにより、生活が充実し、スキルアップ（skill up）を図ることができるというものです。

　ワーク・ライフ・バランスにおいて、企業にとっては個々の生き方や年齢層のニーズに応じた多様な働き方の選択を明確にすることで、多様な人材を生かすことができ、生産性向上や競争力強化に繋がるという好循環をもたらします。そのためには、まず、ダイバーシティ（diversity）を尊重する環境が欠かせません。

2 人材価値としてのキャリア形成

【用語説明】

◆	ICT	情報通信に関する技術（Information and Communication Technology）
◆	人材価値	業務の達成能力にからみた人間的価値
◆	人材の市場価値	社外や人材市場で業務能力として評価される価値
◆	齟齬（そご）	自分の意図に反して物事がうまくかみ合わないこと、食い違い

❶労働の市場価値は、自分の能力と市場の需要によって決まります。自分自身が自分の市場価値を知ることは、成功するキャリアを築き、キャリアアップを考える上で重要です。

皆さんは自分の能力に対する❶市場価値がどれくらいか考えたことがありますか。人と企業のグローバル化や ICT 普及の波に乗り、かつての年功序列制度や終身雇用制度は崩壊しました。近年では、団塊世代の退職と共に労働市場は売り手市場になっています。

しかし、従業員の意向とは関係なく、リストラが稀ではない新たな時代を迎えています。成果主義と雇用形態の多様化（例えば、外国人の労働市場への参入増加、在宅ワーカーやキャリアウーマンの増加）が目立つようになりました。さらに、多くの企業はグローバル化に対応できる人材を求めています。

❷従来型の人材育成方法では、企業や人材市場との間で齟齬（不一致）が生まれやすいです。会社にとって役に立つ人材とは、物的・人的資源を活かして新たな価値を生み出せる人のことです。

ところで、従業員の人材価値は、社内独自の基準で決められたものです。そのため、従業員の社内価値が社外価値と一致しない場合があるため、現在の市場価値（自分の本当の実力）を把握する必要があります。従業員が人材としての市場価値を高めるためには、日々、自己啓発を意識しながら仕事に臨み、市場が求める環境に即対応できるキャリア形成に励むことが欠かせません。

そこで、❷人材価値を高めるための心得について考えてみましょう。まず大切なことは、知識スキルの固定観念に縛られず、新たな知識を積極的に学ぼうとする柔軟性をもつことです。次に、ベストな業務方法を探し求め、慎重になりすぎず決断と実行に移すことです。

そして、強い責任感と他者への寛大さに基づき、周囲との円滑なコミュニケーション能力を高めることです。

3 有能な人材になる道筋

　最後に、社会の一員になる皆さんへ応援のメッセージを贈ります。

　さくらが咲くと、いつも新入社員だった頃を思い出します。皆さんにとっても会社の一員として受け入れてもらう時期がきます。新人の頃は誰でも不安を抱えていると思います。でも、その不安を乗り越えたら先には大きな成長が待っているでしょう。この本を通して、皆さんは会社の仕組みや仕事の大切さ、そして会社の管理や経営について学びました。

　会社には、異なる世代、性別、国籍、価値観など、多様な人が集まって働いています。同じ志をもって働く以上、上司、同僚、部下、他部署の人、さらに社外関係者と連携して効率よく仕事をしなければなりません。また、苦痛を覚えず、楽しく仕事をするためには、関係者らと円滑なコミュニケーションを通じて快適な空間を作るように常に心がけることが重要です。

　会社に必要とされる有能な人材とは、相手の立場を尊重し、相互の価値観を認め合え、企業環境の変化に柔軟に対応できる人です。つまり会社に必要な人材とは、学識、能力、才能などを備えつつも、物事を上手に処理できる人のことで、自分の能力を活かして業務成果に貢献する人物のことです。例えば、みなさんはお茶入れやコピー作業などの雑務に近い仕事を頼まれたら、どうしますか。不満と思い、断りますか。不満に感じても仕方なく引き受けますか。不満に思わず仕事を成し遂げますか。自分が好まない仕事を与えられても積極的に取り組む人が有能な人材への第一歩になります。雑で簡単な仕事でも丁寧に取り組むこと、何事にも全力で業務をこなす姿勢こそが信頼関係を築き、次の仕事へ繋がっていきます。全ての業務を丁寧にこなし、課された仕事には常に全力で向き合うことです。それは結果的に自分のためになるのです。

　新入社員であれば、まず与えられた自分の仕事に集中し、精いっぱいやれば、周りから評価されるでしょう。しかし、周りが気付くのを待っているだけの人は社会人としての成長を自分でやめてしまうようなものです。入社してから数年経つと、「真面目に頑張っている」という充実感だけでは、さらなる成長は期待できません。

　真面目に働くことは有能な人材になるための1つの手段に過ぎません。事業の成果が伴ってこそ有能な人材と評価されます。事業活動がグローバル化している今日においては、外国とのビジネスができる人、事業のグローバル化に柔軟に対応できる人材のニーズが高まっているのです。会社組織に必要な人材になるためには、成果を出したいという心得が必要で、自分がすべき仕事を積極的に探し求め、結果を出そうとする姿勢を持ち続けなければなりません。これは社内での評価が高まるだけではなく、個人としての自分の価値も高まることになるでしょう。

　　　　　　－皆さんの社会での活躍を心から応援しています！！－

~Memo~

【練習問題】

1　「ワーク・ライフ・バランス」とは何か説明しなさい。

2　人材として自分の価値を高めるためにはどうすべきか、その心得を述べなさい。

3　企業が求めている人材になるためには、どのようなマインド（考え方）が必要か述べなさい。

索　引

き

139

ふ

へ

ほ

よ

ら

り

れ

ろ

わ

INDEX

E

F

G

H

I

K

L

M

N

O

P

【主な参考文献等】

【論文、専門書等】

浅田實『東インド会社―巨大商業資本の盛衰』講談社、2010 年

伊藤修『日本の経済―歴史・現状・論点』中央公論新社、2007 年

宍戸善一『ベーシック会社法入門（第 7 版）』日本経済新聞出版社、2015 年

冨田大義『国際経営と異文化経営』中部日本教育文化会、2013 年

西田安慶・城田吉孝編『マーケティング戦略論』学文社、2019 年

浜辺陽一郎『平成 26 年改正対応　図解　新会社法のしくみ（第 3 版）』東洋経済新報社、2015 年

福地稔『会社のしくみがわかる本』日本能率協会マネジメント、2009 年

森脇道子編『ビジネス実務総論（改訂版）』実教出版、2013 年

片岡寛・清水啓典『ビジネス基礎』実教出版、2015 年

森嶌昭夫・前田庸・蓑輪靖博・尾島茂樹・神作裕之・笈川達男・粕谷和生・藤巻義宏『経済活動と
　法 新訂版』実教出版、2019 年

安田賀計・高橋則雄『ビジネス実務』実教出版、2015 年

産労総合研究所『イラスト社会人としての心得　（新入社員研修シリーズ）』経営書院、2000 年

新星出版社編集部『社会人の教科書 1 年生』新星出版社、2015 年

【ビジネス用語】

『現代用語の基礎知識 2018』自由国民社、2017 年

『コトバンク　会計用語キーワード辞典』　朝日新聞社・株式会社VOYAGE GROUP

『コトバンク　株式公開用語辞典』朝日新聞社・株式会社VOYAGE GROUP

『コトバンク　日本大百科全書』朝日新聞社・株式会社VOYAGE GROUP

『コトバンク　ビジネス基本用語集』朝日新聞社・株式会社VOYAGE GROUP

『コトバンク　ブリタニカ国際大百科事典 小項目事典』朝日新聞社・株式会社VOYAGE GROUP

『世界大百科事典 第 2 版』日立デジタル平凡社、1998 年

『大辞泉』小学館、2013 年

『大辞林 第三版』松村明編　三省堂、2006年

『百科事典マイペディア　第3版』平凡社、1995年

【ホームページ】

企業年金連合会 HP　https://www.pfa.or.jp/index.html（2019 年 7 月確認）

経済産業省 HP　https://www.meti.go.jp/statistics/index.html（2018 年 4 月確認）

国民年金機構 HP　http://www.nenkin.go.jp/index.html（2018 年 5 月確認）

中央職業能力開発協会 HP　http://career.javada.or.jp/id/career/contents/code/tebiki1（2019 年 7 月確認）

中小企業庁 HP　https://www.chusho.meti.go.jp/（2019 年 3 月確認）

日本行政書士会連合会 HP　https://www.gyosei.or.jp/（2019 年 4 月確認）

日本公証人連合会 HP　www.koshonin.gr.jp/（2019 年 4 月確認）

日本公認会計士協会 HP　https://jicpa.or.jp/（2019 年 4 月確認）

日本司法書士会連合会 HP　https://www.shiho-shoshi.or.jp/（2019 年 6 月確認）

日本税理士会連合会 HP　https://www.nichizeiren.or.jp/（2019 年 6 月確認）

電子政府の窓口イーガブ HP「会社法」https://elaws.e-gov.go.jp/search/elawsSearch/elaws_search/lsg0500/detail?lawId=417AC0000000086（2019 年 5 月確認）

社会人の教科書社会人のためのビジネス情報マガジン「職場でよく使われるカタカナ語・ビジネス用語集 400 選(まとめ) HP　https://business-textbooks.com/businessword/（2019 年 9 月確認）

経済用語基礎辞典 HP　http://www.1keizai.net/（2019 年 9 月確認）

大万島の石造民居

		年	学籍番号 No.	評価
第　回	月　日(　　)		名前 Name	

第　回	年 月　日（　　）	学籍番号 No.	評価
		名前 Name	

教員メモ欄

教員用

★☆★　情報コーナー　★☆★

みなさんに役立つ情報をお知らせします（2020 年 1 月現在）。

❀外国人雇用サービスセンター（Employment Service for foreigners）

就職のための情報提供や相談、インターンシップの受け付けなどを行っています。

東京外国人雇用サービスセンター

https://jsite.mhlw.go.jp/tokyo-foreigner/home.html
〒163-0721　東京都新宿区西新宿 2-7-1　小田急第一生命ビル　21 階
TEL：03-5339-8625　FAX：03-5339-8654

名古屋外国人雇用サービスセンター

https://jsite.mhlw.go.jp/aichi-foreigner/
〒460-8640　愛知県名古屋市中区錦 2-14-25　ヤマイチビル 8 階
TEL：052-264-1901　FAX：052-249-0033

大阪外国人雇用サービスセンター

https://jsite.mhlw.go.jp/osaka-foreigner/home.html
〒530-0017　大阪市北区角田町 8－47　阪急グランドビル 16 階
TEL：06-7709-9465　FAX：06-7709-9468

福岡学生職業センター（福岡新卒応援ハローワーク）

http://www.fukuoka.plb.go.jp/f-gakusei/
〒810-0001　福岡市中央区天神 1-4-2　エルガーラオフィスビル 12 階
TEL：092-714-1556　FAX：092-717-6276

❀外国人在留総合インフォメーションセンター・ワンストップ型相談センター

　入国手続きや在留手続きに関する相談をすることができます。外国人在留総合インフォメーションセンターでは、日本語と外国語（英語、韓国語、中国語、スペイン語等）で対応が可能です。

　TEL　0570-013904　　（IP, PHS, 海外:03-5796-7112）

平日　午前 8:30〜午後 5:15　http://www.immi-moj.go.jp/info/
メールでの問い合わせ（日本語・英語のみ）info-tokyo@i.moj.go.jp

外国人在留総合インフォメーションセンター
仙台出入国在留管理局
〒983-0842　宮城県仙台市宮城野区五輪 1-3-20

東京出入国在留管理局
〒108-8255　東京都港区港南 5-5-30

横浜出入国在留管理局
〒236-0002　神奈川県横浜市金沢区鳥浜町 10-7

名古屋出入国在留管理局
〒455-8601　愛知県名古屋市港区正保町 5-18

大阪出入国在留管理局
〒559-0034　大阪府大阪市住之江区南港北 1-29-53

神戸出入国在留管理局
〒650-0024　兵庫県神戸市中央区海岸通 29

広島出入国在留管理局
〒730-0012　広島県広島市中区上八丁堀 2-31

福岡出入国在留管理局
〒810-0073　福岡県福岡市中央区舞鶴 3-5-25

相談員配置先
札幌出入国在留管理局
〒060-0042　北海道札幌市中央区大通西 12 丁目

高松出入国在留管理局
〒760-0033　香川県高松市丸の内 1-1

那覇出入国在留管理局
〒900-0022　沖縄県那覇市樋川 1-15-15

❀ 日本語能力試験　Proficiency Test　❀

日本語能力試験（JLPT　：Japanese Language Proficiency Test）
　日本語能力検定（JLPT）とは、日本語を母語としない人の日本語能力『読む力』『聞く力』を測定する試験です。

主催：
　国際交流基金、日本国際教育支援協会

開催場所：
　日本全国 47 都道府県で受講することが可能
　海外では 80 の国、239 都市で実施

スケジュール：
　7 月と 12 月、年 2 回

受験料：
　5,500 円（税込）

日本語能力試験（JLPT）の評価（5 段階）：
　各レベルが求める水準は下記の通りです。一番やさしいのが N5 で、一番難しいのが N1 です。N1 や N2 があると、就職の際などに日本語能力を証明することができます。

N5...基本的な日本語をある程度理解することができる

N4...基本的な日本語を理解することができる

N3...日常的な場面で使われる日本語をある程度理解することができる

N2...日常的な場面で使われる日本語に加え、より幅広い場面で使われる日本語を理解することができる

N1...幅広い場面で使われる日本語を理解することができる

日本語能力試験（JLPT）
https://www.jlpt.jp/

❀BJT ビジネス日本語能力テスト(Business Japanese Proficiency Test)❀

BJT ビジネス日本語能力テストは、その名の通りビジネスの現場で使われる日本語力を測定する試験です。

主催：公益財団法人　日本漢字能力検定協会

試験の形式：聴解、聴読解、読解の 3 部構成で 80 問出題

試験時間：約 2 時間

受験料：7,000 円（税込）日本国内の場合
　※海外で受験する場合は異なります！

開催場所とスケジュール：
　オンライン予約サイトか電話にて試験を予約（試験日時と場所を選ぶ）

BJT ビジネス日本語能力テストの評価段階：
　各レベルが求める水準は下記の通りです。一番やさしいのが J5 で、一番難しいのが J1＋です。

J5（0〜199 点）...日本語によるビジネスコミュニケーション能力はほとんどない

J4（200〜319 点）...限られたビジネス場面で日本語による最低限のコミュニケーション能力がある

J3（320〜419 点）...限られたビジネス場面で日本語によるある程度のコミュニケーション能力がある

J2（420〜519 点）...限られたビジネス場面で日本語による適切なコミュニケーション能力がある

J1（530〜599 点）...幅広いビジネス場面で日本語による適切なコミュニケーション能力がある

J1＋（600〜800 点）...どのようなビジネス場面でも日本語による十分なコミュニケーション能力がある

BJT ビジネス日本語能力テスト
https://www.kanken.or.jp/bjt/

付録❹

❀ 国際コミュニケーション英語能力試験　TOEIC　❀
(TOEIC : Test of English for International Communication)

　TOEIC とは英語を母国語としない人を対象とした、英語によるコミュニケーション能力を検定するための試験です。5 種類の試験が実施されていますが一般的に TOEIC テストという時には、TOEIC L&R テストのことを指します。

①TOEIC Listening & Reading Test :「聞く」「読む」英語力を測る試験
②TOEIC Speaking & Writing Tests :「話す」「書く」英語力を測る試験
③TOEIC Speaking Test : TOEIC S&W の Speaking だけを実施する試験
④TOEIC Bridge Listening & Reading Tests : TOEIC L&R の簡易版の試験
⑤TOEIC Bridge Speaking & Writing Tests : TOEIC S& W の簡易版の試験

主催：一般財団法人　国際ビジネスコミュニケーション協会

開催場所：
　日本を含む 150 ヶ国で実施、日本全国約 80 都市で実施。

スケジュール：
TOEIC Listening & Reading は年 10 回
　（1・3・4・5・6・7・9・10・11・12 月）
TOEIC Speaking & Writing は、年 24 回

受験料：
　TOEIC L&R　　6,490 円（税込）
　TOEIC S&W　　10,450 円（税込）

TOEIC スコアとコミュニケーション能力レベルとの相関（5 段階）：
　各レベルがコミュニケーション能力との相関は下記の通りです。A～E はレベルの高い順となります。

A（860 点）…Non-Native として十分なコミュニケーションができる
B（730 点）…どんな状況でも適切なコミュニケーションができる素地を備えている。
C（470 点）…日常生活のニーズを充足し、限定された範囲内では業務上のコミュニケーションができる。
D（220 点）…通常会話で最低限のコミュニケーションができる。
E　　　　　…コミュニケーションができるまでに至っていない。

国際コミュニケーション英語能力試験（TOEIC）
https://www.iibc-global.org/toeic.html

✿ 外国人の在留資格について ✿

（ざいりゅうしかく）

在留資格とは、外国籍の人が日本に滞在するためのの資格のことで、その資格から「活動類型資格」と「地位等類型資格」の2つに大きく分類されます。皆さんたちに関連がありそうな在留資格を紹介します。

【活動類型資格】

技術：人文知識・国際業務：機械工学などの技術者、通訳、デザイナー、語学講師
　　　などが対象

留学：大学、専門学校、日本語学校などの学生が対象

家族滞在：就労資格などで在留する外国人の配偶者、子が対象

特定技能：新設された資格。詳しくは下記で説明します。

技能実習：技能実習生が対象。詳しくは下記で説明します。

【地位等類型資格】

日本人と結婚した場合や養子になった場合の「日本人の配偶者など」の他に「永住者」「永住者の配偶者など」「定住者」の4種類の資格があります。

✿ 「特定技能」の在留資格制度とは ✿

平成30年12月に「出入国管理及び難民認定法及び法務省設置法の一部を改正する法律」が成立し、同月14日に公布されました（平成30年法律第102号）。

1．特定技能1号

特定産業分野に属する相当程度の知識又は経験を必要とする技能を要する業務に従事する外国人向けの在留資格

（1）在留期間：1年、6か月又は4か月ごとの更新、通算で上限5年まで
（2）技能水準：試験等で確認（技能実習2号を修了した外国人は試験等免除）
（3）日本語能力水準：生活や業務に必要な日本語能力を試験等で確認（技能実習2号を修了した外国人は試験等免除）
（4）家族の帯同：基本的に認めない
（5）受入れ機関又は登録支援機関による支援の対象

2．特定技能2号

特定産業分野に属する熟練した技能を要する業務に従事する外国人向けの在留資格

（1）在留期間：3年、1年又は6か月ごとの更新
（2）技能水準：試験等で確認
（3）日本語能力水準：試験等での確認は不要
（4）家族の帯同：要件を満たせば可能（配偶者、子）
（5）受入れ機関又は登録支援機関による支援の対象外

出所：出入国在留管理庁ホームページ

❁　「技能実習」の在留資格制度とは　❁

　この技能実習制度は、外国人の技能実習の適正な実施及び技能実習生の保護に関する法律（技能実習法）1条に基づき、1年目から労働者として在留する外国人技能実習生に与えられる在留資格です。

　この制度の目的は、外国人を日本で一定期間（最長5年間）に限り受け入れ、OJT（On the Job Training：実務を通じて行う教育訓練）を通じて技能を移転するためで、1993年に設立されました。その後、外国人の技能実習の適正な実施及び技能実習生の保護を図るための技能実習制度が新しく生まれ変わりました。（平成28年11月28日、公布）

1．技能実習1号：入国1年目の技術の修得を目指す
2．技能実習2号：入国2〜3年目の技能に習熟することを目指す
3．技能実習3号：入国4〜5年目の技術の熟達を目指す
　在留期間は、1年又は6月になります。
　※技能実習1号は、受け入れ方式の違いで「1号イ」と「1号ロ」の2つに区分されています。

　在留期間は最長5年で、以前は、技能実習生が実習後に日本に在留する手段はありませんでしたが、「特定技能」が新設され、技能実習後も日本に在留し続けることが可能になりました。

出所：厚生労働省ホームページ「外国人技能実習制度について」

❁　　外国人雇用状況（2018年10月現在）❁

外国人労働者数合計 1,460,463 人で、届出義務化以降、過去最高を更新
（2019年1月25日公表）

1．国籍別
（1）中国　389,117人（26.6%）
（2）ベトナム　316,840人（21.7%）
（3）フィリピン　164,006人（11.2%）
（4）ネパール　81,652人（5.6%）
2．対前年伸び率
（1）ベトナム（31.9%）
（2）インドネシア（21.7%）
（3）ネパール（18.0%）
3．外国人労働者を雇用する従業者数　216,348か所
（1）東京　58,878か所
（2）愛知　17,437か所
（3）大阪　15,137か所

出所：厚生労働省ホームページ「外国人雇用状況」

あとがき

　本書ができるまでに、お世話になった諸先生方や中部日本教育文化会の方にこの紙面を借りて感謝の気持ちを捧げます。「仕事や会社について学びやすい就活生・留学生・研修生向けのテキストを作りたい」という思いから執筆を始めました。何度も議論を重ね、大幅な変更もありながら、優に数年かかり、ようやく刊行の日を迎えることができました。

　本書は「①会社・企業の全般的内容、②会社の運営・管理・経営、③組織としての仕組み、④会社の設立方法、⑤財務、⑥簿記」というテーマを広範囲で扱ったため、内容が十分でなく不自然に感じられることがあるかもしれません。しかしながら、少しでも学習者の手助けになれば幸いです。

　今後、より充実した書にするために、皆様に本書の構成や内容に関して、ご指導、ご叱正をいただきたいと存じます。

　この本を手に取ってくださった方の一助となることを願って…

2020 年 3 月
李大義・伍翔・谷口征子

７月北海道旭岳ウブル草

著者プロフィール

李 大義　LEE Dae-eui　商学博士

現在　たちばな学園　専任講師

　日本企業経営学会理事、アジア企業経営学会副会長、NPO法人スバ・ランカ協会理事

元　AIUB客員教授、南山大学非常勤講師、専門学校非常勤講師、日本貿易学会理事、食品メーカーの社外理事（経営コンサルティング担当）、昇降機関連企業の経営顧問、フォーラムリソースカンパニー（自営業）などを経て現職に至る。

【主要著書】

『2006年度企業教育カリキュラム』蔚山大学校産学協力団・企業経営研究所、2005年（共著）

『はじめて学ぶ人のためのグローバル・ビジネス』文真堂、2006年（分担執筆）

『流通・マーケティングー1つの契機として』一灯館、2008年（分担執筆）

『生活と経営』一灯館、2008年（分担執筆）

『流通・マーケティング・経営』一灯館、2008年（分担執筆）

『国際経営と異文化経営』中部日本教育文化会、2010年（単著）

『現代社会と経営』ニシダ出版、2011年（分担執筆）

『同書（改訂新版）』2013年（単著）

『マーケティング戦略論』学文社、2019年（分担執筆）

伍 翔　WU Xiang

現在　たちばな学園　専任講師

【主要実務歴】

　大学卒業後、大手企業の海外営業部にて通関士として税関や行政機関に関わる業務経験を積む。来日後、総合商社にて現場を中心に国際マーケティング・商品企画・貿易実務全般を経験。また、JICA派遣専門家東海OB会に所属してJICAの青年研修事業に携わり、発展途上国政府機関の青年たちを対象してそれぞれの国における開発課題（地域活性化、中小企業促進、行政や環境など多様な専門分野）にするカリキュラムの設計及び研修業務に参加。

【主要講師歴】

　専門学校や大学にて主な担当科目は、「貿易学」「金融学」「経済学概論」「開発経済論」

　「経営学概論」「経営組織論」「マーケティング論」。

谷口 征子　TANIGUCHI Yukiko

　大学在学中にオーストラリアに留学し、第二言語習得に興味をもつ。

　大学卒業後、公立高校にて、商業・情報科の教員として10数年勤務

　　主な担当教科は、「情報処理」「簿記」「社会と情報」

　うち1年間、アメリカの高校にて日本語教師として高校生に日本語を教授

　帰国後、日本の大学や専門学校にて外国人留学生を対象とした日本語の授業を担当

　　主な担当科目は、「日本語初級」「大学生のための日本語」「ビジネスマナー」

　現在、小田原短期大学　保育学科　専任講師として、保育者養成に取り組んでいる。

　　担当科目　は「言語表現」「言葉指導法」

　　「多文化・多言語講座」のゼミを担当

【著書】

　　『新しい時代における幼児教育の方法と技術』ミネルヴァ書房（共著）

　　『教育・保育実習に役立つ　部分実習指導案集』萌文書林（共著）

イラスト協力者

表紙等イラスト：
都福順（DO Bok - soon）

表紙他のイラスト：

河南省鄭州軽工業大学芸術設計学院環境デザイン学科
指導教授　劉磊
学生　　　丁小芳
作品1　　安徽宏村の裏路地（p.54）
作品2　　竹林鎮の民居（p.68）
指導教授　張倩
学生　　　覃丹丹
作品1　　石洞溝村の民宅（p.82）
作品2　　石洞溝村の入口（p.100）

広東省珠海市在住　　宋斌
作品1　　担杆島ふ頭（p.118）
作品2　　大万島の石造民居（p.155）

0から学ぶ仕事と会社
　　ゼロ
—初学者・留学生のための超入門—

2020年3月10日　初版発行

　　　著　者　李大義・伍翔・谷口征子
　　　発行者　恒川順継
　　　発行所　㈱中部日本教育文化会
　　　　　　　〒465-0088　名古屋市名東区名東本町177
　　　　　　　TEL〈052〉782-2323
　　　　　　　FAX〈052〉782-8172

ISBN978-4-88521-928-3